Tendencias recientes
de los posgrados en América Latina

Mabel Dávila

Tendencias recientes de los posgrados en América Latina

Colección UAI - Investigación

UAI
Universidad Abierta
Interamericana

teseo

Mabel Dávila
Tendencias recientes de los posgrados en América Latina. - 1a ed. - Buenos
Aires : Teseo; Universidad Abierta Interamericana, 2012.
124 p. ; 20x13 cm. - (Investigación)
ISBN 978-987-1867-09-7
1. Políticas Educativas. I. Título.
CDD 378.001

UAI
Universidad Abierta
Interamericana

teseo

© Editorial Teseo, 2012

Teseo - UAI. Colección UAI - Investigación

Buenos Aires, Argentina

ISBN 978-987-1867-09-7

Editorial Teseo

Hecho el depósito que previene la ley 11.723

Para sugerencias o comentarios acerca del contenido de esta obra,
escríbanos a: **info@editorialteseo.com**

www.editorialteseo.com

UNIVERSIDAD ABIERTA INTERAMERICANA

Autoridades

Rector: Dr. Edgardo Néstor De Vincenzi

Vice-Rector Académico: Dr. Francisco Esteban

Vice-Rector de Gestión y Evaluación: Dr. Marcelo De Vincenzi

Vice-Rector de Extensión Universitaria: Ing. Luis Franchi

Vice-Rector Administrativo: Mg. Rodolfo N. De Vincenzi

**Decano Facultad de Desarrollo
e Investigación Educativos:** Lic. Perpetuo Lentijo

**Director Centro de Altos Estudios
en Educación:** Dr. Gerardo Adrián Suárez

**Coordinador del programa de Investigación
sobre Educación Superior:** Mg. Osvaldo Barsky

PRESENTACIÓN

La Universidad Abierta Interamericana ha planteado desde su fundación, en el año 1995, una filosofía institucional en la que la enseñanza de nivel superior se encuentra integrada estrechamente con actividades de extensión y compromiso con la comunidad, así como con la generación de conocimientos que contribuyan al desarrollo de la sociedad, en un contexto de apertura y pluralismo de ideas.

En este marco, la Universidad ha decidido emprender junto a la editorial Teseo una política de publicación de libros, con el objetivo de fomentar la difusión de los resultados de investigación de los trabajos realizados por sus docentes e investigadores y, a través de ellos, contribuir al debate académico y al tratamiento de problemas relevantes y actuales de la sociedad. El contenido de estas obras no expresan opinión o posición institucional, sino exclusivamente la de los autores de las obras, respetando los principios de libertad de pensamiento creativo y de rigurosidad académica promovidos por la Universidad Abierta Interamericana.

La *colección investigación Teseo-UAI* abarca distintas áreas del conocimiento, reflejando tanto la diversidad de carreras de grado y posgrado dictadas por la institución académica en sus diferentes sedes territoriales, como las líneas estratégicas de investigación programadas por sus facultades y centros de altos estudios. De esta forma, las temáticas desarrolladas se extienden desde las ciencias médicas y de la salud, pasando por las ingenierías y tecnologías informáticas, hasta las ciencias sociales y humanidades.

El modelo o formato de publicación elegido para esta colección merece ser destacado, en la medida en que posibilita un acceso universal a sus contenidos: los libros se distribuyen por la vía tradicional impresa –en determinadas librerías– y por nuevos sistemas globales, tales como la impresión a pedido en distintos continentes, la descarga de *eBooks* a través de tiendas virtuales y la difusión web de sus contenidos gracias a Google Libros, entre otras bases y buscadores.

Con esta iniciativa, la Universidad Abierta Interamericana ratifica una vez más su compromiso con una educación superior que mejore su calidad en un proceso constante y permanente, así como con el desarrollo de la comunidad en la que se encuentra inserta, desde el plano local al internacional.

Dr. Mario Lattuada
Secretaría de Investigación
Universidad Abierta Interamericana

ÍNDICE

Introducción 13

Capítulo 1. La Universidad y el posgrado
desde una perspectiva histórica..17

Capítulo 2. Las transformaciones
de la Educación Superior..29

Capítulo 3. Las carreras de posgrado:
nuevas tendencias internacionales 47

Capítulo 4. La dinámica de los posgrados
en América Latina 67

Conclusiones...103

Referencias bibliográficas 115

INTRODUCCIÓN

La expansión de la oferta de carreras de posgrado es uno de los principales ejes de transformación de los sistemas nacionales de Educación Superior en las últimas décadas. En un contexto en el cual es creciente la incidencia de los procesos de internacionalización de la Educación Superior que, entre otros aspectos, involucran fenómenos como la movilidad académica y de estudiantes y la educación transfronteriza, se observan diferencias entre los países, dado que influyen diversos factores, entre los cuales pueden citarse las tradiciones educativas nacionales y las medidas e instrumentos de políticas educativas implementados. Dentro de estas últimas, se enmarcan las reglamentaciones, las políticas de evaluación y acreditación de la calidad, así como también las relativas al financiamiento. Estos cambios impactan y modifican las relaciones entre el estado, la sociedad y las universidades.

El posgrado se ha vuelto en el actual escenario internacional una prioridad para los gobiernos y los sectores productivos nacionales en términos de su contribución a la competitividad internacional y al desarrollo nacional. Tanto los gobiernos como los sectores de la producción demandan a las universidades una formación de recursos humanos altamente calificados así como también de una producción científica y tecnológica de calidad que motiva un escenario de debate y reconfiguración de las políticas de posgrado.

En este libro se analizan las tendencias recientes de los posgrados en América Latina, su desarrollo y sus principales características desde una perspectiva que considera, entre otros aspectos, las tradiciones educativas nacionales, los procesos sociales y políticos y las influencias internacionales que crecientemente cobran mayor importancia sobre los sistemas nacionales de Educación Superior.

El capítulo 1, analiza la universidad y el posgrado desde una perspectiva histórica. Los procesos que se desarrollan actualmente en la Educación Superior no son nuevos, sino que tienen su origen varios siglos atrás. La universidad nace como corporación en la disputa por su autonomía, su autoridad para otorgar la *licentia docenti* ante la Iglesia Católica. Un punto de inflexión se produce con la Reforma von Humboldt en la Universidad de Berlín. A partir del siglo XIX, la universidad medieval centrada en la docencia sufre una serie de cambios entre los que tiene lugar una importancia creciente de la investigación. También en la misma época se crea la Universidad Napoleónica que junto a la universidad humboldtiana constituyen dos tradiciones de gran influencia en las universidades latinoamericanas. Analizar estos procesos a partir de una perspectiva histórica aporta elementos relevantes para entender el presente.

En el capítulo 2, se analizan comparativamente las transformaciones de la Educación Superior en el plano internacional, particularmente en los países latinoamericanos. En estos cambios, influyen diferentes procesos como la globalización en sus múltiples dimensiones, y asumen en cada país especificidades por la influencia de factores vinculados a las tradiciones educativas nacionales y a las medidas e instrumentos de políticas educativas implementados. Al mismo tiempo, existen aspectos comunes que van configurando nuevos sistemas de Educación Superior a partir de la modificación en las relaciones entre el estado, la universidad y la sociedad.

En el capítulo 3, se presentan las tendencias internacionales que actualmente inciden en las carreras de posgrado. Estas tendencias se clasifican en dos grandes procesos. En primer lugar, se presenta la internacionalización de la

Educación Superior a través del posgrado y sus principales características comenzando por la indefinición conceptual, porque tiene significados diferentes para distintos organismos hasta finalizar con el ejemplo del Espacio Europeo de Educación Superior como proceso de integración regional avanzada. En segundo lugar, se analiza el impacto del desarrollo del conocimiento en la dinámica del posgrado a partir de los procesos que ocurren internacionalmente, que se vinculan, entre otros aspectos, a la diversificación de los tipos de carreras de posgrado, su orientación, el perfil de los estudiantes y el curriculum.

Finalmente, en el capítulo 4, a partir de los ejes discutidos en los capítulos anteriores se profundiza en la dinámica de los posgrados en América Latina. Comienza con el desarrollo reciente de los posgrados en la región y sus principales problemáticas y continúa con el análisis de los procesos de internacionalización del posgrado en América Latina, el estado de la integración regional. Por último, finaliza con el estado actual del debate sobre las carreras de posgrado en Argentina y Brasil que se centra, en ambos casos, en la crítica y propuesta de reforma de los sistemas de evaluación y acreditación de la calidad, un debate que implica además discutir las relaciones entre la equidad y la calidad educativa en un contexto de transformación de las relaciones entre educación, Estado y sociedad.

CAPÍTULO 1
LA UNIVERSIDAD Y EL POSGRADO DESDE UNA PERSPECTIVA HISTÓRICA

Los procesos que se desarrollan actualmente en la Educación Superior, particularmente en las carreras de posgrado, los principales ejes de debate y las modalidades que asumen las transformaciones actuales se explican por múltiples factores, entre los cuales, la historia de la Universidad desde sus orígenes tiene un rol significativo.

A partir del siglo XIX con los cambios que introduce Wilhelm von Humboldt en la Universidad de Berlín, se puede identificar un punto de inflexión que es central para entender la Universidad actual. Sin embargo, varios aspectos que aún se mantienen tienen su origen en los siglos anteriores.

Entre otras cuestiones, el debate en torno a la autonomía universitaria se origina con el nacimiento de la Universidad en la Edad Media. Universidad (*universitas*), término tomado del lenguaje jurídico, equivale en la Edad Media a una asociación dotada de una cierta unidad, a corporación. Gradualmente, diversas causas –en general conflictos con las autoridades eclesiásticas– llevaron a los maestros a federarse y a formar una organización cada vez mejor organizada. Por eso, en sus comienzos, la universidad no se asocia a un lugar físico, sino que estaba exclusivamente constituida por un grupo de personas.

La primera Universidad, la Universidad de París, creada en 1215 a partir de la escuela catedral de *Notre Dame*, surge por la disputa de la comunidad de docentes y alumnos con el obispo de París por el derecho a conceder la *licentia docendi* (Durkheim, 1992). Al igual que las otras corporaciones, la Universidad expresaba la organización de los miembros de un oficio para defender el monopolio de enseñar, simbolizado en la licencia. La Universidad se origina a partir de un conflicto con el poder, en este caso la Iglesia Católica, por la autorización para enseñar y se constituye en los siglos siguientes en un actor social relevante y de creciente influencia en la vida cultural e intelectual europea. La creación de la Universidad de París es acompañada por la posterior formación de las universidades de Parma, Bolonia, Colonia, Montpellier, Salamanca, Toulouse, Oxford y Cambridge. Hacia el siglo XV, alrededor de 80 instituciones se habían creado en diversos países de Europa, constituyendo la primera expansión internacional de la Universidad.[1]

Le Goff (2008) plantea que los orígenes de la Universidad en la Edad Media se inscriben en un período histórico de grandes cambios políticos y sociales que motivaron y fueron impulsados por profundos debates intelectuales. Sin embargo, no son las Universidades las que incorporan la revolución cultural y científica producida a partir del Renacimiento. En gran medida por la resistencia de la Universidad a estos cambios –resistencia muy vinculada a

---

[1]   La organización variaba entre las universidades. Unas, como la de París, constituían agrupaciones de maestros; otras, como la de Bologna, corporaciones de estudiantes; otras, como la de Salamanca, corporaciones de estudiantes y maestros. Por su parte, la enseñanza no abarcaba al conjunto de todas las disciplinas humanas. En Montpellier, solo se enseñaba medicina; en Bologna durante mucho tiempo solo derecho. Incluso, en la Universidad de París –el prototipo al que las demás imitaban– durante mucho tiempo no se enseñó derecho civil. Por otro lado, aunque la Universidad procedía de la Iglesia y enseñaba Teología, nació fuera de los medios religiosos y esto determinó que a veces se opusiera a la Iglesia y además comprendiera un número considerable de laicos. Por estas razones, sostiene Durkheim (1992) que la Universidad no fue un cuerpo exclusivamente laico ni exclusivamente eclesiástico; tenía ambas características y estaba formada por laicos que conservaban en parte la fisonomía del clero y por clérigos que se habían laicizado.

la Iglesia y a los antiguos regímenes monárquicos en deca-
dencia–, en este período surgen nuevas instituciones: las
Academias científicas y humanísticas, que serán aquellas
que incorporen y enseñen los avances científicos.

Este período se caracteriza por una Universidad que
es terreno de disputa entre la Iglesia, que representaba
al antiguo orden declinante, y el Estado, conflicto que se
acentúa luego de las revoluciones y con el advenimiento de
las nuevas repúblicas. Este conflicto Iglesia-Estado continúa
durante los siglos siguientes, profundizándose durante el
siglo XIX, y la creciente industrialización y el desarrollo
científico y tecnológico, que son acompañados por el desarrollo de la visión postivista-materialista, culminan con
la gradual pérdida del poder de la Iglesia en la Universidad
(Luzuriaga, 1980; Bowen, 1992). La Universidad no incor-
pora a las nuevas ciencias hasta principios del siglo XIX.

La reforma de Wilhelm von Humboldt, fundador de
la Universidad de Berlín en 1810, otorga un rol central a la
investigación en el proceso de formación universitaria de
alto nivel asociado a la formación de una elite calificada que
recibe la categoría de Doctor, en función de su producción
científica. Se trata del primer sistema secularizado de formación doctoral. En Alemania, este proceso coincide con
un gran fortalecimiento de la burocracia estatal y, pese al
esquema monárquico-prusiano dominante en el país, las
Universidades gozan de gran libertad académica (Barsky
y Dávila, 2004).

Todos los prusianos debían recibir la instrucción ele-
mental obligatoria de tres años en la *Volksschule*, que aten-
día aproximadamente al 90% de la población. El sistema
reforzó la estratificación social, ya que solo la burguesía
podía ir más allá de la escuela preparatoria y pasar los
nueve años del *Gymnasium* o a las otras alternativas que
se generaron después. Para la admisión a la Universidad
se exigía la aprobación del *Abitur*, un examen general

implantado por la misma Universidad. Paralelamente, la educación técnica evolucionó a lo largo del siglo XIX, estableciéndose una amplia gama de escuelas, colegios, academias técnicas especializadas y universidades técnicas. Se estimuló el desarrollo de escuelas eficientes y especializadas de ingeniería forestal, agricultura, minería y actividades afines, que más adelante se convierten en el sistema de universidades técnicas (Bowen, 1992). El alto nivel alcanzado por los científicos alemanes en diferentes campos de las ciencias básicas atrajo la presencia de numerosos estudiantes extranjeros, lo que fortaleció el prestigio del doctorado alemán y expandió a nivel internacional el antecedente de la valía de esta diferenciación académica y científica posterior a los estudios de grado.

Humboldt plantea así una modificación de gran trascendencia en la Universidad del siglo XIX que se mantiene hasta hoy: la centralidad –aunque no exenta de conflictos– que crecientemente cobra la investigación. La estructura de grados y exámenes, que tiene su origen en la Edad Media y se mantiene –aunque con modificaciones– hasta hoy, muestra una Universidad medieval centrada en la docencia. De acuerdo con la descripción de Durkheim sobre la estructura universitaria original, el último grado del estudiante era la licenciatura (*maîtrise*), que en ciertas facultades como Derecho se llama doctorado, e implicaba la entrada en la corporación universitaria en calidad de maestro.[2] El bachillerato es un grado que divide las dos

---

[2]   Aunque este grado era el más alto, se obtenía sin un examen propiamente dicho. La Nación entregaba al candidato, sin ninguna prueba, el placet o autorización para dar su lección inaugural o inceptio, que no era estrictamente un examen, sino una ceremonia ritual como la de entrada a cualquier corporación. El candidato a la licenciatura hacía un acto de maestro al enseñar en presencia de sus maestros. El grado inmediatamente anterior –seis meses antes– y que conducía a la licenciatura era la licencia, y para este era necesario rendir un examen.

fases de la vida del estudiante: el pasaje de alumno a candidato a la licenciatura, en la que además de la asistencia a lecciones implicaba el ejercicio de la práctica docente.[3] Se llamaba bachilleres a los jóvenes que estaban en condiciones de desempeñar el oficio que habían aprendido y no eran todavía maestros jurados (Durkheim, 1992).

Otra reforma trascendente de la Universidad europea del siglo XIX y que va perfilando una tradición de gran influencia en los sistemas educativos modernos occidentales tiene lugar con la creación de la Universidad Imperial en la Francia napoleónica. A través de una serie de medidas materializadas en el decreto del 10 de mayo de 1806, se creó la Universidad Imperial como un departamento estatal de educación único, totalmente centralizado, a cargo de la enseñanza pública de todo el Imperio. Nadie puede abrir una escuela o emplearse en la enseñanza pública sin ser miembro de la universidad imperial y sin tener titulación de una de sus facultades (Bowen, 1992). Además del alto grado de centralización que permite imponer uniformidad a la educación, la Universidad Napoleónica tiene como característica su fuerte impronta profesionalista.

En la primera mitad del siglo XIX, la Educación Superior en Estados Unidos se desarrolló a partir del sistema de colegios que habían surgido, siguiendo el modelo inglés, durante la etapa colonial, algunos de los cuales fueron elevados al *status* de universidad como Harvard en 1636, Yale University en 1701 y Princeton en 1746. Desde sus inicios, el sistema educativo norteamericano se apoyó en núcleos locales o regionales de la sociedad civil.

---

[3]   El cambio de carácter está marcado por una ceremonia –muy parecida a la *inceptio*– en la que se mantenía una discusión pública llamada *déterminance* –de la palabra determinare: plantear tesis–, que gradualmente se hizo obligatoria para los candidatos a la licencia, al tiempo que se tomó la costumbre de hacerla preceder por un examen que inhabilitaba a participar en la discusión pública a quienes no lo superaban.

Desde 1865, con el fin de la guerra de Secesión, y hasta el final de siglo, la Educación Superior entró en una nueva era de fuerzas en conflicto y confusión de ideas y objetivos, dividiéndose en dos sectores: un pequeño grupo de colegios y universidades más antiguos, ricos y tradicionales –con el complemento de unas cuantas universidades estatales–, y un vasto número de instituciones –con una variedad de intereses y competencias– de menor prestigio. De esta forma, contrasta con la Educación Superior europea donde había menos universidades que, además, tenían control estatal más o menos directo.

Por otro lado, a diferencia del sistema universitario alemán, fue la tecnología y no la ciencia la que arraigó primero en la enseñanza superior norteamericana. Con el traslado de la frontera hacia el oeste y la fundación de nuevos Estados, se evidencia la mayor necesidad –que se traduce en estímulos– de enseñanza superior tecnológica en la región central. Con la declaración de la independencia, el gobierno central comenzó desde 1802 a ofrecer tierras federales a cada nuevo estado para que establecieran en ellas universidades estatales, creándose hasta 1860 diecisiete universidades. La *Morril Act* de 1862 repitió la donación de tierras federales a los Estados para costear universidades que "enseñaran disciplinas como agricultura y mecánica [...] para promover la educación liberal y práctica de las clases industriales". Se crearon así los *Land Grant Colleges* que articulaban la enseñanza técnica, la investigación experimental, la extensión rural y la producción agropecuaria y tuvieron un notable impacto en el proceso de modernización del agro norteamericano (Barsky y Dávila, 2004).

Aunque muchas universidades tenían una visión muy conservadora de la Educación Superior, en los años sesenta los colegios se ven en el dilema de servir a la ciencia, la tecnología y la industria, sin descartar la tradición conservadora. Entre 1870 y las primeras décadas del siglo XX, las universidades alemanas ejercen una fuerte influencia como modelo y, sobre todo, se destacaban algunos aspectos como los profesores especializados, un amplio abanico de materias, sistema optativo y libertad académica. El sistema alemán de enseñanza tuvo fuerte impacto en los Estados Unidos. Hacia la segunda década del siglo XX ya habían surgido más de veinte universidades que ofrecían títulos de doctor y que configuran lo esencial del actual sistema. Durante este período, el sector privado juega un rol central en la expansión universitaria, articulándose con los Estados. Esta expansión acelerada y desordenada impulsó la creación de mecanismos de control de calidad a través de la formación de asociaciones. En 1895, se creó la Asociación Sureña de Universidades destinada a establecer estándares mínimos de calidad, proceso repetido en otras regiones del país y en asociaciones profesionales que pasaron a controlar los procesos de acreditación (Mignone, 1993).

El eje doctoral Alemania-Estados Unidos pasó a tener centralidad en el sistema de formación científica internacional. En 1917, comienzan a implementarlo también las universidades inglesas ante la competencia que ejercían las universidades alemanas y estadounidenses.

Max Weber, en "El Político y el científico", realiza una comparación entre los modelos universitarios alemán y el estadounidense de la época. En Alemania, la carrera académica comienza con el *Privatdozent*. "Después de haberse puesto al habla con el titular de la especialidad y haber obtenido su consentimiento, se califica para ello presentando una obra original y sometiéndose a examen en una universidad determinada, en la cual sin salario y sin más retribución que la que resulta de la matrícula de los estudiantes, puede profesar cursos cuyo objeto fija él mismo dentro de los límites de su *venia legendi*" (Weber, 1980, p. 182).

En Estados Unidos es totalmente diferente el comienzo de la carrera académica. Se nombra un *assistant* que percibe un salario desde el comienzo. Este salario es bajo, pero Weber considera que comienza con una posición aparentemente sólida porque percibe un sueldo fijo.[4]

Weber plantea que el sistema alemán es plutocrático, dado que es muy arriesgado para un científico joven sin bienes de fortuna personal exponerse a los azares de la profesión académica. Durante un cierto número de años debe estar en posición de sostenerse con sus propios medios sin tener la certeza de que más tarde podrá conseguir un puesto que le permita vivir. Otra diferencia entre el *Privatdozent* y el asistente es que el segundo puede ser destituido, en cambio el primero, una vez nombrado, no puede ser destituido.

Por otra parte, en el sistema alemán de la época, son los *Dozenten* más antiguos los que dictan las clases, mientras que los *Privatdozenten* se ocupan de tareas secundarias, razón por la cual les queda tiempo para dedicarse a la actividad científica. En Estados Unidos, es exactamente al revés. Como recibe un sueldo, en los primeros años el asistente tiene mayor trabajo docente. A su vez, son las autoridades de la especialidad las que diseñan el programa de las clases, y los asistentes deben ceñirse a él. Sin embargo, Weber observa una evolución del sistema universitario alemán hacia el modelo estadounidense.

Weber no plantea la tensión entre investigación y docencia tal como la vivimos actualmente. Para él no existe tal tensión. El científico es también docente. Y el trabajo

---

[4] Asimismo, este sistema sería similar al de los Institutos de Medicina y de Ciencias alemanes, en los que solo una pequeña parte de los asistentes, y muy tarde, pretende la habilitación como *privatdozent*.

científico está asociado al trabajo docente en la universidad. No se entiende este trabajo científico sin la docencia. Hay en el trabajo científico un componente de investigación y otro de docencia, y ambos se complementan y se potencian mutuamente.

Es diferente lo que ocurre actualmente en las universidades donde existen diferentes grados de tensión entre las funciones de docencia y la investigación. Mientras que la Universidad desde sus orígenes y durante la Edad Media está orientada a la docencia principalmente (Le Goff, 1996; Durkheim, 1992), a partir de los cambios implementados por Wilhelm von Humboldt en la universidad prusiana durante el siglo XIX comienza una nueva etapa en la que cobra cada vez mayor importancia la función de investigación. Comenzó así con lo que posteriormente se denominó modelo humboldtiano (Krotsch, 2009).

En América Latina, la enseñanza de posgrado aparece con la tradición universitaria española del período colonial. En particular, tuvo gran influencia el modelo de la universidad de Alcalá de Henares asociado a una estrecha cooperación universitaria con el poder real y el poder eclesiástico. Desde el origen, las universidades americanas fueron generalmente débiles, dedicadas esencialmente a la formación de sacerdotes, administradores y abogados. El doctor era un hombre de cultura general, poco vinculado a cuestiones específicas y de sentido práctico, lo opuesto a la actual noción del investigador (Barsky, 1997). En la segunda mitad del siglo XIX, con una mayor influencia del modelo de universidad vigente en Francia, comienzan a producirse procesos innovadores con varias iniciativas de los Estados para hacerse cargo de la enseñanza universitaria que van sentando las bases para el desarrollo de procesos sociales e institucionales que terminan de plasmarse en el siglo XX.

La enseñanza de posgrado en América Latina tiene orígenes dispares muy vinculados al desarrollo de los sistemas universitarios. En Argentina, desde el comienzo del siglo XX, predomina inicialmente el doctorado académico en disciplinas como derecho y ciencias sociales, ciencias económicas, humanidades, en las que es posible detectar influencias europeas alemanas y francesas, en particular esta última. Aunque de escasa incidencia, el modelo que se siguió fue el doctorado de Universidad de origen francés combinado con la licenciatura extensa, pero no tuvo efectos en la práctica profesional, ni en el ámbito académico, así como tampoco una clara influencia en el prestigio social, en parte por el uso del término doctor a nivel del grado de algunas profesiones liberales. En las ciencias básicas, en cambio, el título de Doctor tuvo mayor importancia. Por su parte, los estudios de Medicina, Odontología e Ingeniería optaron por el desarrollo de las especialidades, siguiendo la tradición de estas profesiones en los Estados Unidos.

En un estudio comparativo entre diferentes países de la región realizado por Lucio (1993), se observa el peso del doctorado tradicional de universidades públicas en Argentina y la gran expansión de doctorados de universidades privadas en las últimas décadas, aunque también en las últimas décadas comienza a observarse un avance de las maestrías asociado a algunas disciplinas como Ciencias Sociales y Ciencias Agrarias. En México, Chile y Colombia, por otra parte, hay un crecimiento del sistema de maestrías que sirve de base a posteriores procesos de organización de doctorados. Por otro lado, cabe considerar que la clasificación de especializaciones, maestrías y doctorados es muchas veces formal en relación con los niveles de calidad y objetivos. Finalmente, en Brasil la expansión del sistema de posgrados se da sobre la base del crecimiento de maestrías y doctorados.

Las tradiciones humboldtiana y napoleónica confluyen en las universidades latinoamericanas, insertándose en una matriz colonial, orientada a la formación de profesionales y elites políticas. La universidad nacional o republicana tenía como misión promover la educación en todos los niveles, formar profesionales en particular los cuadros del sector público e impulsar el cultivo de las disciplinas académicas (Brunner, 1990).

Se perfilan dos visiones sobre este fenómeno. Algunos autores, entre ellos Arocena y Sutz (2000), plantean que lo definitorio del modelo institucional para la Educación Superior latinoamericana, inspirado fundamentalmente en el modelo napoleónico, fue su orientación profesionalista.

Otra perspectiva sobre este proceso se observa en los trabajos de Albornoz y Estebanez, quienes sostienen que, a partir de la matriz colonial, las universidades latinoamericanas fueron recibiendo las innovaciones que ocurrían en los países europeos –el modelo napoleónico y el modelo humboldtiano– y en Estados Unidos. De esta manera, se fueron construyendo diversas tradiciones institucionales (Albornoz y Estebanez, 2002).

Ambas tradiciones –la formación científica y la formación profesional– tuvieron un desarrollo paralelo, a veces convergente, otras conflictivo. En la actualidad, la convivencia de ambos modelos es un problema que debe ser resuelto y que influye en las tendencias que actualmente se observan en la formación de posgrado. Por otra parte, esta realidad comienza a cambiar a partir de la década de los sesenta cuando el gobierno brasileño asigna recursos presupuestarios para financiar la implantación de un modelo de posgrado inspirado en el norteamericano y fuertemente ligado a la evaluación de la calidad de los mismos. Posteriormente, en los noventa, también los demás países de la región comienzan a cambiar sus sistemas de posgrado, tema que se desarrollará en los siguientes capítulos.

CAPÍTULO 2
LAS TRANSFORMACIONES DE LA EDUCACIÓN SUPERIOR

1. Las transformaciones en la Educación Superior internacional

Las transformaciones que están ocurriendo actualmente en la Educación Superior latinoamericana tienen como característica más destacable el hecho de tratarse de reformas que están ocurriendo a nivel internacional. Todos los países las incorporan, más allá de las diferencias en la modalidad adoptada, la gradualidad del proceso y la velocidad de incorporación de los cambios. Esta característica común a todos los países tiene en gran medida que ver con la influencia de los procesos denominados de globalización. Por su parte, las diferencias entre país tienen que ver tanto con la institucionalidad educativa nacional influida por las tradiciones analizadas en el capítulo anterior y las modalidades que adoptaron en cada sistema nacional como también a las políticas educativas que se llevaron adelante en cada país para implementar las actuales reformas. Los cambios a nivel mundial son amplios y abarcan diferentes dimensiones del sistema de Educación Superior. A continuación se desarrollan las principales transformaciones.

1.1. Aumento de la matrícula y masificación de los sistemas de Educación Superior

En las últimas décadas hubo un importante crecimiento de la demanda de estudiantes por estudios de

Educación Superior debido, entre otros aspectos, a una mayor cantidad de egresados de la educación secundaria y a mayores exigencias para acceder al mercado laboral.

La respuesta de los gobiernos fue un aumento de la oferta educativa a partir de tres tipos de estrategias: proliferación, privatización, y dualización (Brunner, 2005). La proliferación hace referencia al crecimiento del número de instituciones, la privatización a la orientación privada de las nuevas instituciones y la dualización a la creación de institutos superiores –tecnológicos o de formación docente– de carácter superior pero no universitarios. Estas tuvieron como resultado una diferenciación horizontal y vertical de los sistemas y de las instituciones. Asimismo, estos mecanismos se complementaron en algunos casos con algún tipo de restricción al acceso, interviniendo en los procesos de admisión con exámenes de ingreso, cupos, etc.

1.2. Sistemas de evaluación y acreditación de la calidad

Paralelamente a la multiplicación de la oferta institucional y su diversidad, comenzaron a desarrollarse los sistemas de evaluación y acreditación de la calidad. En efecto, la expansión y diversificación de la oferta ha ido generando sistemas de Educación Superior altamente heterogéneos y de gran complejidad. Esto generó la necesidad de nuevos mecanismos que aseguraran la calidad educativa.

Por otra parte, los procesos de evaluación de la calidad se inscribieron en el marco del llamado "Estado evaluador" y tienen entre otros objetivos conducir el sistema de Educación Superior en función de prioridades nacionales. Es una estrategia de regulación de la Educación Superior que limita el poder académico y fortalece el poder del Estado. La lógica de la evaluación de la calidad se ve incentivada por y, al mismo tiempo, incentiva el surgimiento de una ética competitiva en las instituciones de Educación

Superior. La principal crítica que se plantea a estos procesos proviene de las universidades y es que afecta la autonomía universitaria (García de Fanelli, 1998; Krotsch, 2009).

1.3. Cambios en la enseñanza y la investigación

Hay demandas crecientes dirigidas hacia las instituciones y los sistemas para elevar la relevancia y pertinencia de sus funciones de conocimiento. La explosión del conocimiento en cantidad y calidad y su impacto en la economía y la sociedad también transforma la función educativa de las universidades y promueve la internacionalización. Tanto los sectores productivos como los Estados tienen mayores demandas hacia la Educación Superior. Esta se considera cada vez más estratégica para generar desarrollo económico y social, y clave para una integración competitiva a nivel internacional.

El desarrollo de la oferta de carreras de posgrado, el desarrollo de una investigación aplicada asociada al sector productivo, la incorporación de las Tecnologías de la Información y la Comunicación (TIC) a la educación y la educación a distancia son algunas de las características que asumen estos cambios.

En general, en todos los países de la región se han desarrollado sistemas complejos de Educación Superior que articulan un nivel de posgrado con un nivel de grado constituido por instituciones superiores universitarias y no universitarias. También en muchos casos se articula el sistema de Educación Superior con los sistemas de ciencia y tecnología ampliando o creando nuevos instrumentos para financiar la investigación, en algunos casos con la creación de instrumentos para facilitar el financiamiento por parte del sector productivo.

1.4. Nuevas formas de financiamiento

Diversificación y racionalización de las fuentes de financiamiento de la Educación Superior. El financiamiento es insuficiente para la Educación Superior como resultado de la crisis de los estados de bienestar. En este marco, se inscriben, aunque con diferencias entre países, las políticas de privatización, de cobro de matrícula en universidades estatales, y de vinculación con el sector productivo en diferentes niveles.

Hay un cambio en las modalidades de financiamiento de la Educación Superior en América Latina. Tradicionalmente el financiamiento es automático y se aplica sobre la base de la negociación de incrementos sobre el monto anterior, además de la distribución de recursos entre instituciones que depende de la capacidad de negociación. Con diferencias entre los países, las reformas implican la diversificación de fuentes (cobro de aranceles a estudiantes y financiamiento de empresas), asignación competitiva de recursos para investigación, transferencia de recursos públicos al sector privado, apoyo a estudiantes (becas, préstamos) y asignaciones fiscales vinculadas a la evaluación de desempeño o a presentación de programas específicos.

1.5. Cambios en la gestión y el gobierno universitario, y adopción de culturas organizacionales centradas en la innovación y el emprendimiento

Burton Clark (1984) plantea que la coordinación de las instituciones está sujeta a la interacción de tres fuerzas: la academia, el Estado y el mercado. Tradicionalmente existieron diferentes modelos de coordinación de los sistemas de Educación Superior. En la Europa continental, primó la coordinación estatal; en Estados Unidos, la coordinación del mercado; en el Reino Unido, la coordinación académica.

Por otra parte, estos modelos de coordinación nunca se caracterizaron por ser puros, y además sufrieron cambios a lo largo de la historia. El modelo colegiado inglés con universidades fuertemente autónomas dio un viraje sustancial durante la presidencia de Margaret Thatcher que orientó al sistema hacia una coordinación de mercado. En cambio, el modelo francés fuertemente centralizado en el Estado desde la creación de la Universidad Imperial por Napoleón Bonaparte, luego de mayo del 68 gana en autonomía universitaria acercándose más a un modelo colegiado (Krotsch, 2009). Igualmente, en todos los casos, la tendencia actual es hacia una coordinación estatal y de mercado.

El contexto permanente de transformaciones demanda a las instituciones más capacidad de adaptación. Esto genera en las instituciones una mayor exposición a las fuerzas del mercado. Ambos aspectos tienen que ver con un desplazamiento del centro de gravedad de la Educación Superior desde el poder académico hacia la esfera del mercado y el Estado.

A raíz de estos cambios en las formas de gobierno y organización de las Instituciones de Educación Superior, pasa a ser central quién toma las decisiones sobre los aspectos académicos y administrativos, lo que genera un debate entre autonomía y control externo (García de Fanelli, 1998).

1.6. Internacionalización de la Educación Superior

Se está acentuando un proceso de internacionalización de la Educación Superior que implica una mayor movilidad de docentes, estudiantes y egresados, pero también el crecimiento de la oferta educativa transnacional. Las Universidades nacionales deben competir a nivel nacional e internacional en un contexto cada vez más competitivo, en el cual el financiamiento estatal es insuficiente. Estos favorecen la internacionalización, las reformas institucionales y la búsqueda de fuentes alternativas de financiamiento.

El Proceso de Bolonia con la creación de un Espacio Europeo de Educación Superior que implica la integración de los sistemas nacionales y permita la movilidad de estudiantes, docentes y egresados es el ejemplo más significativo de los procesos de internacionalización de la Educación Superior. Este proceso comenzó en el año 1999 con la Declaración de Bolonia que expresa la voluntad de los ministros de educación de llevar adelante la integración de los sistemas de educación nacional. El proceso parte de un acuerdo político entre los gobiernos que expresa, entre los principales argumentos para justificarlo, la necesidad de enfrentar la competencia de la educación transnacional fuertemente concentrado en las universidades estadounidenses.

La tensión entre la evaluación de la calidad y la internacionalización refleja esta problemática en la medida en que plantea una disputa por el control de la educación internacional por parte del Estado. La realidad es que tanto la incorporación al proceso internacional como el papel del Estado en la regulación de la calidad resultan claves hoy en día. Por lo tanto, resulta fundamental definir mecanismos que permitan una complementación entre ambos que resuelva los conflictos y optimice las ventajas de cada uno.

2. La globalización y su influencia en las transformaciones de la Educación Superior latinoamericana

La globalización como proceso resultante de la capacidad de ciertas actividades de funcionar como unidad en tiempo real a escala planetaria (Castells, 1999) tiene un carácter multidimensional que comprende dimensiones económicas, políticas, sociales y culturales, muchas veces incluso con la existencia de tensiones entre las mismas.

Los historiadores modernos reconocen una serie de etapas en el proceso de globalización en los últimos 130 años. Una primera fase, que abarca de 1870 a 1913, se caracterizó, más que por el libre comercio, por una gran movilidad de los capitales y de la mano de obra junto con un auge comercial basado en una dramática reducción de los costos de transporte. Esta fase fue interrumpida por la Primera Guerra Mundial, lo que implicó una retracción de la globalización en los años treinta. Después de la Segunda Guerra Mundial y hasta la década de 1970 hay una nueva fase que se caracterizó por el desarrollo de instituciones internacionales de cooperación financiera y comercial, además de la expansión del comercio de manufacturas entre países desarrollados. También influyó la existencia de una gran variedad de modelos de organización económica y una limitada movilidad de capitales y de mano de obra. En el último cuarto del siglo XX, se consolidó una tercera fase de globalización que se caracteriza principalmente por la gradual generalización del libre comercio, la creciente presencia en el escenario mundial de empresas transnacionales que funcionan como sistemas de producción integrados, la expansión y la considerable movilidad de los capitales, y una notable tendencia a la homogeneización de los modelos de desarrollo, aunque continúan las restricciones al movimiento de mano de obra (CEPAL, 2002).

El actual proceso de globalización que es incompleto y asimétrico, se caracteriza por un importante déficit en materia de gobernabilidad. Su dinámica está determinada, en gran medida, por el carácter desigual de los actores participantes. En su evolución ejercen una influencia preponderante los gobiernos de los países desarrollados, así como las empresas transnacionales, y en una medida mucho menor los gobiernos de los países en desarrollo y las organizaciones de la sociedad civil.

2.1. Globalización y transformaciones de los sistemas nacionales de Educación Superior

Castells (1999) sostiene que en las dos últimas décadas ha surgido una nueva economía a escala mundial que denomina informacional y global. Es informacional porque la productividad y competitividad de esta economía depende de su capacidad para generar, procesar y aplicar con eficacia la información basada en el conocimiento. Es global porque la producción, el consumo y la circulación, así como sus componentes (mano de obra, materias primas, gestión, información, tecnología, mercados) están organizados a escala global, de forma directa o mediante una red de vínculos entre los agentes económicos. Asimismo, el surgimiento de un nuevo paradigma tecnológico, organizado en torno a nuevas tecnologías de la información más potentes y flexibles, hace posible que la misma información se convierta en el producto del proceso de producción. Surge así una economía interconectada y profundamente interdependiente que es más capaz de aplicar su progreso en tecnología, conocimiento y gestión a la tecnología, el conocimiento y la gestión.

La internacionalización de la producción motorizada por las grandes empresas transnacionales se caracteriza por el desarrollo de sistemas de producción integrados, que permiten la segmentación de la producción en distintas etapas, la especialización de plantas o empresas subcontratadas ubicadas en distintos países en la producción de determinados componentes. La liberalización del comercio, de los flujos financieros y de las inversiones en los países en desarrollo ha sido un factor clave para profundizar el proceso de globalización económica (CEPAL, 2002).

Del mismo modo, motivados por los cambios tecnológicos en general y de la tecnología de la información en particular, también ocurren cambios en los procesos de trabajo. Se transforman las modalidades y la organización del trabajo, así como también hay una constante reestructuración de las profesiones, desaparecen algunas, se crean otras nuevas, se transforman las que permanecen. El aumento de preparación educativa, sea general o especializada, requerido para los puestos de trabajo segrega aún más a la mano de obra en virtud de la educación. En este contexto internacional, los países parecen tener dos alternativas de inserción respecto a los recursos humanos: bajar el costo o mejorar la calidad.

En la expansión de la oferta de Educación Superior a nivel mundial tienen influencia los procesos señalados. La globalización económica y sus impactos en las economías nacionales y el comercio internacional, los modelos de inserción económica internacional en la región, los desarrollos tecnológicos, las transformaciones en la producción y el mundo del trabajo, las consecuencias sociales de estos cambios tecnológicos, productivos y laborales, son aspectos que han incidido de manera determinante en las transformaciones educativas a través de la generación de una creciente demanda de Educación Superior por parte de la población que estimula el crecimiento de la oferta educativa, la creación de nuevas carreras y el planteo de nuevos planes de estudio asociados a los cambios productivos y laborales, además del desarrollo de carreras de posgrado y de sistemas de investigación vinculado a la dinámica que tiene actualmente el desarrollo del conocimiento.

Por otra parte, al considerar el carácter asimétrico de la globalización, las fuentes de productividad y competitividad en la nueva economía global dependen fundamentalmente de la capacidad de generación de conocimiento, la cual depende a su vez de la capacidad cultural y tecnológica de las personas, empresas y territorios. Por esta razón, termina siendo un fenómeno inclusivo para algunos y exclusivo para una gran mayoría de la población mundial.

Los países latinoamericanos adoptaron diferentes estrategias para enfrentar estos desafíos. En todos los casos, se apostó al crecimiento del número de instituciones, fenómeno denominado proliferación, y siempre fue acompañado de un desarrollo de instituciones privadas. Pero en algunos casos se orientó mayor o exclusivamente hacia el sector privado, y en otros se crearon también universidades públicas.

Para 1960 se había conformado en América Latina un sistema de Educación Superior con un 84% de instituciones públicas y con un pequeño sector privado de instituciones laicas o religiosas de elite. A partir de entonces, las instituciones privadas pasan a expandirse como resultado de varios impulsos: la expansión de la educación media, la incapacidad del estado de cubrir presupuestalmente la mayor demanda a través de las universidades públicas, la complejización y diversificación de las demandas de los sectores productivos, el incremento de los costos de la Educación Superior (Rama, 2009).

Comparativamente, Brasil y Chile son los países de la región con mayor oferta educativa privada (Brunner, 2005). En Argentina, en cambio, durante la década del noventa, se crearon varias universidades estatales en el conurbano bonaerense (Universidad Nacional de San Martín, Universidad Nacional de General Sarmiento, Universidad Nacional de Quilmes, Universidad Nacional de Tres de Febrero). A nivel de universidades, hubo en este país una doble estrategia de privatización y desarrollo de universidades públicas en barrios populares (Barsky et al., 2004). En Uruguay, se crearon nuevas instituciones privadas pero la mayor parte de la matrícula siguió concentrada en la única universidad pública que es la Universidad de la República generándose en algunos casos serios problemas con insuficiencia edilicia y aulas superpobladas, más la baja cantidad de docentes para atender la mayor demanda.

Una tercera estrategia para incrementar la oferta de Educación Superior fue el proceso de dualización. En algunos casos se apostó a la creación de institutos superiores –tecnológicos o de formación docente– de carácter superior pero no universitarios. Estas instituciones son diferentes a las universidades tradicionales tanto en la menor duración de las carreras como en los planes de estudio que en los institutos tecnológicos tienen una mayor orientación a los mercados laborales. En general, la población que atienden estos institutos es de sectores socioeconómicos más bajos que la población que atienden las universidades tradicionales.

En algunos casos en que las reformas también involucraron procesos de dualización, se intentó mejorar la calidad de la oferta de estos institutos. En Argentina, se apostó a crear una serie de institutos o a reformar otros ya existentes con mayor financiamiento e intentando llevar adelante un modelo similar a los Institutos Universitarios Tecnológicos (IUT) franceses. Pero esta estrategia que se inició y desarrolló durante los noventa se terminó con el cambio de gobierno (Barsky et al., 2004).

En síntesis, podemos concluir que la fuerte influencia de la globalización, en particular de su dimensión económica, ha tenido diferentes respuestas en materia de política educativa por cada país, y que estas estrategias, por otra parte, no son ajenas a los resultados obtenidos en términos de sus alcances sociales.

2.2. El nuevo rol del Estado en la Educación Superior: las políticas de evaluación y acreditación de la calidad y las políticas de financiamiento.

Continuando el análisis del punto anterior sobre las características y los alcances de las políticas de Educación Superior, resulta central el nuevo rol del Estado en este sector educativo. Hay una mayor regulación de la Educación Superior por parte del Estado que ocurre a partir del control del financiamiento y evaluación de la calidad. En estos aspectos también observamos diferentes estrategias nacionales.

En lo que refiere a la evaluación y acreditación de la calidad universitaria, algunos países han desarrollado diferentes estrategias para la evaluación del nivel de grado y el de posgrado. En Brasil, la *Coordenação de Aperfeiçoamento de Pessoal de Nível Superior* CAPES fue creada en 1976 y se ocupa de la evaluación y el financiamiento de los posgrados. La evaluación de grado se comienza a desarrollar en los noventa con la aprobación de la Ley de Directrices y Bases de la Educación en 1996.

En Chile, en 1999 se inicia un proyecto piloto con dos comisiones asesoras diferentes para grado y posgrado (CNAP y CONAP). En 2007, con la aprobación de la Ley de Aseguramiento de la Calidad de la Educación Superior, una sola agencia, la Comisión Nacional de Acreditación (CNA), reúne el conjunto de las evaluaciones y acreditaciones universitarias y desaparecen la CNAP y la CONAP. En Argentina, en 1996 a partir de la Ley de Educación Superior aprobada en 1995 se crea una sola institución, la Comisión Nacional de Evaluación y Acreditación Universitaria (CONEAU), que se ocupa del conjunto de la evaluación y acreditación universitaria (Rama, 2009).

Por otra parte, algunos países como Uruguay todavía no implementaron ningún sistema para la evaluación de la calidad, teniendo que recurrir, cuando es necesario, a agencias de otros países como CONEAU o CAPES.

En general, los sistemas de aseguramiento de la calidad implican un organismo estatal que en algunos casos puede delegar algunas funciones en agencias privadas como ocurre en el sistema estadounidense. Salvo excepciones, en los países latinoamericanos esta propuesta ha sido difícil de concretar, incluso en aquellos donde la ley establece esta posibilidad como en Argentina.

En algunos casos, la evaluación se asocia a políticas de financiamiento de las Universidades públicas. Tal es el caso de Brasil con la CAPES y Chile, donde las instituciones públicas no acreditadas no pueden acceder a financiamiento público.

En materia de políticas de financiamiento, si consideramos comparativamente las realidades nacionales (Rama, 2009), en Argentina las universidades públicas son casi gratuitas, aunque el posgrado es pago. En Brasil, es gratuita la universidad pública en los niveles federales y estaduales, aunque a nivel municipal se cobra matrícula. Los posgrados son fuertemente selectivos y gratuitos en las universidades federales, donde además mayoritariamente tienen becas. Quienes acceden a la educación pública de calidad en Brasil son los sectores socioeconómicos altos y medios que, por otra parte, egresan mayoritariamente de escuelas fundamentales privadas (Schwartzman, 2010). En Chile, las universidades públicas pueden cobrar matrícula y de hecho la cobran y es casi igual a la que cobran las universidades privadas. En Uruguay, al igual que en Argentina, la universidad pública es gratuita en el grado, pero puede cobrar matrícula en los posgrados profesionales.

Durante la década del noventa, se fundamentaba, por un lado, la estrategia de privatización y la disminución del financiamiento estatal de la Educación Superior por la baja tasa de retorno económica respecto a otros niveles educativos y, por el otro, la inequidad que implica en la medida que acceden sectores más acomodados pero es financiada por todos.

Actualmente se plantea un cuestionamiento de la medida y sus argumentos. Sánchez Martínez (2004) considera que hay una subestimación de la tasa de retorno social de la Educación Superior que genera desarrollo económico y social, movilidad social, sociedades más democráticas y plurales. Asimismo, el cambio de paradigma productivo y la inserción internacional demanda recursos calificados para producir conocimiento, para difundirlo y para aplicarlo. Por otra parte, se requiere financiamiento público para investigación básica, o investigación aplicada que no es rentable y, por eso, no interesa al sector productivo. Por último, la inequidad no debería ser razón para disminuir el financiamiento sobre la Educación Superior, sino para aplicar políticas que corrijan los problemas.

En conclusión, estos cambios en la coordinación de los sistemas de Educación Superior tienen impactos en la administración y el gobierno institucional y en las conductas de los actores. En algunos casos, las políticas implican una mayor regulación por parte del Estado; en otros, abren la posibilidad a una mayor regulación por el mercado.

2.3. Localización de lo global y desnacionalización de lo nacional

De acuerdo con Saskia Sassen (2007), los procesos transnacionales como la globalización política, económica y cultural trascienden el marco exclusivo del Estado-Nación y al mismo tiempo habitan parcialmente los territorios y las instituciones nacionales. En este sentido, propone una definición más amplia que abarque la complejidad de este fenómeno y comprenda así dos tipos de procesos: por un lado, la globalización en términos de la interdependencia y la formación de instituciones globales y, por el otro, la modificación a nivel local, por la imbricación que este fenómeno promueve a través de una interacción de lo local y lo global.

Es así que, aunque la mayoría de los procesos que ocurren al interior de lo nacional son nacionales, también existe un número creciente de casos de localización de lo global y de desnacionalización de lo nacional. Esto implica una participación necesaria de los Estados en la formación de los sistemas globales. Este enfoque, plantea Sassen (2007), permite captar la enorme variabilidad entre países en materia de incorporación de la globalización o de resistencia a ella, ya que estos procesos están modelados por las características específicas de cada país.

Asimismo, es necesario considerar que el crecimiento de los procesos globales comienza a constituir escalas estratégicas que van más allá de lo nacional. Entre ellas, pueden mencionarse la escala subnacional –las ciudades globales– y la escala supranacional –los mercados globales–. No desaparecen las viejas jerarquías, pero dejan de ser exclusivas. Por lo tanto, es necesario considerar las nuevas. En este sentido, la escala nacional sigue siendo relevante, pero Sassen cuestiona la exclusividad de la competencia de la autoridad estatal sobre el territorio nacional, y critica el análisis sociológico tradicional en la medida en que considera naturalizadas la escala nacional y las relaciones interestatales como mecanismo analítico.

Las reformas educativas expresan la internacionalización del sistema de Educación Superior estadounidense. Este fenómeno muestra su mayor influencia en el llamado Proceso de Bolonia que crea un Espacio Europeo de Educación Superior integrando los sistemas de Educación Superior nacionales, y permitiendo la movilidad de estudiantes, docentes y egresados. En este sentido, el Proceso de Bolonia es el ejemplo más significativo de este doble carácter de la globalización que plantea Sassen, en la medida que implica, por un lado, la integración de los sistemas educativos nacionales y, por el otro, la imbricación de fenómenos locales e internacionales a nivel de cada nación.

Hay diversos aspectos y diferentes modalidades de incorporación de las reformas que tienen que ver con las realidades nacionales y regionales y con las formas que adquiere la globalización en cada una de estas realidades. Por eso, los actuales procesos de reforma educativa que se están produciendo en la Educación Superior evidencian este doble carácter de interdependencia y formación de instituciones globales y de modificación a nivel local por la imbricación de lo local y lo global.

El Proceso Bolonia está dirigido desde los Estados, pero se justifica en la presión que ejerce el mercado, en particular la educación transnacional, mayormente conformada por universidades estadounidenses. En América Latina, en cambio, los procesos de integración de la Educación Superior son incipientes, están poco desarrollados en comparación a otros países, alcanzan experiencias puntuales o no van mucho más allá de los acuerdos formales.

2.4. Las nuevas relaciones entre Universidad, Estado y sociedad

Algunos autores plantean que desde la década del setenta comienza a agotarse el patrón de relaciones entre Estado y sociedad, o matriz sociopolítica, vigente desde la década del treinta –que se denomina Matriz Estado Céntrica (MEC)– y esto afecta de manera diferencial a los distintos países de América Latina y que implican una serie de procesos interrelacionados de descomposición y recomposición de la MEC (Cavarozzi, 1996; Garretón, 2000).

La crisis de la matriz sociopolítica plantea también una crisis del modelo de desarrollo tradicional centrado en el industrialismo y la sustitución de importaciones como forma de inserción en la economía internacional. Este modelo es sustituido durante los años ochenta y noventa por una nueva forma de inserción en la economía internacional con una creciente importancia de los mercados y una apertura internacional financiera, comercial y productiva. Para algunos autores, la economía de mercado, los ajustes financieros y las privatizaciones constituyeron instrumentos para corregir los problemas del modelo de desarrollo anterior y, para otros, un fin en sí mismo y un modelo de desarrollo ideal. Sin embargo, hasta ahora este modelo no ha demostrado ser suficiente para redefinir un proceso de inserción en la economía transnacionalizada que incluya a toda la sociedad y no solo a una parte.

La inclusión de la población excluida tiene relación con el modelo educativo que se implemente teniendo en cuenta la relación entre educación y Estado, el rol de la enseñanza, los objetivos, las características de las propuestas y, sobre todo, la calidad de las mismas. En la región, los sistemas nacionales de Educación Superior suelen ser heterogéneos y fragmentados en tanto tienen circuitos de calidad diferencial, siendo más afectados los sectores más desfavorecidos. Además, también hay un problema de equidad, dado que acceden mayoritariamente los sectores de ingresos altos y medios.

El desarrollo es posible en la medida que el sistema educativo pueda dar respuesta a las necesidades sociales de formación de recursos humanos calificados y contribuya a la producción de conocimiento. El cambio tecnológico ha motivado cambios a nivel de los sistemas productivos y estos, a su vez, plantean una redefinición de los procesos de trabajo que exigen crecientemente el acceso a mayores niveles de educación. Esto genera una mayor extensión de las trayectorias educativas hasta el nivel de posgrado, así como también una oferta de capacitación a lo largo de la vida a través de los denominados mundialmente sistemas de educación continua (o *Lifelong Learning*). En términos de la igualdad de oportunidades, la Educación Superior en la región tiene que enfrentar los desafíos que plantean el acceso y la calidad para amplios sectores de la población.

En este contexto de redefinición de las relaciones entre Estado y sociedad en los países de la región, los procesos de reforma de la Educación Superior son producto y, al mismo tiempo, inducen cambios en las relaciones entre Universidad, Estado y sociedad. Estas modificaciones se materializan, con diferencias en los casos nacionales, en una mayor regulación por parte del Estado y también por parte del mercado.

CAPÍTULO 3
LAS CARRERAS DE POSGRADO: NUEVAS TENDENCIAS INTERNACIONALES

En este capítulo se profundiza en las transformaciones que están ocurriendo a nivel de las carreras de posgrado. Varios aspectos caracterizan el actual auge del posgrado. Se destaca, por ejemplo, la centralidad que crecientemente este tipo de carreras está tomando en la organización y gobierno de las universidades. Otro aspecto se vincula con la mayor permeabilidad que, en relación con el grado, tienen las carreras de posgrado respecto a los procesos de internacionalización. Otra característica que se puede observar es la transformación que, con eje en el posgrado, está desarrollándose en las funciones de enseñanza e investigación. Asimismo, tradicionalmente el posgrado ha estado orientado al desarrollo de la carrera académica. Sin embargo, hoy es cada vez mayor la demanda de posgrado para la formación de profesionales para el mundo del trabajo fuera de la academia.

1. La internacionalización de la Educación Superior a través del posgrado

1.1. El debate conceptual

El concepto de "internacionalización de la Educación Superior" comienza a utilizarse para denominar diferentes procesos educativos que, sobre todo en las últimas dos décadas y cada vez más acentuadamente, ocurren mundialmente en la Educación Superior, acompañando al fenómeno de la globalización en sus distintas dimensiones: económica, social, cultural, política. Estos diferentes fenómenos que conforman la denominada internacionalización de la Educación Superior implican a una amplia variedad de experiencias de cooperación en el ámbito de la Educación Superior, acuerdos entre gobiernos para fomentar la integración, convenio entre universidades, constitución de redes institucionales para el intercambio académico o la investigación, movilidad de estudiantes, académicos y profesionales, hasta procesos de convergencia de los sistemas educativos.

La prestación de servicios educativos transfronterizos es otro fenómeno estudiado junto a los procesos de internacionalización que a fines de la década del noventa comienzan a cobrar mayor importancia en América Latina (Didou, 2006).

Aunque el concepto es de uso recurrente en estudios sobre Educación Superior de diferentes ámbitos y países, no hay una definición única y consensuada del concepto de internacionalización de la Educación Superior, y los diferentes autores suelen referirse al mismo en relación con diferentes fenómenos y atribuirles a los mismos distintas explicaciones.

Tanto en la Declaración Mundial sobre la Educación Superior en el Siglo XXI de 1998, como en la Conferencia Mundial sobre la Educación Superior de 2009, la Organización de las Naciones Unidas para la Educación, la Ciencia y la Cultura (UNESCO), aunque no precisa la definición, asocia el concepto de internacionalización a cooperación internacional, y así destaca como características de esta cooperación el respeto de la soberanía nacional y la autonomía de las instituciones de Educación Superior. Asimismo, en la última conferencia se reafirma el valor de la Educación Superior como bien público, y se rescata su papel y responsabilidad en el desarrollo social de las naciones, incluyendo el respecto a las culturas y la protección del medio ambiente. Por otro lado, la Organización Mundial de Comercio (OMC), organismo que tiene como objetivo la liberación del comercio de todo tipo de servicio, concibe a la educación como un servicio comercial y plantea la eliminación total de barreras a la comercialización de estos servicios educativos. El comercio educativo incluye cinco categorías: primaria, secundaria, superior, adultos y "otras" (OMC, 1998). La categoría "Educación Superior" incluye las siguientes actividades: servicios educativos técnicos y vocacionales de post-secundaria y otros servicios de Educación Superior conducentes a título universitario o su equivalente.

Por su parte, la UNESCO insiste en la calidad, propone la cooperación regional, y sostiene que: "es indispensable garantizar la equidad en materia de acceso y de resultados, promover la calidad y respetar la diversidad cultural y la soberanía nacional", así como también "la necesidad de establecer sistemas nacionales de acreditación de estudios y de garantía de calidad, y de promover la creación de redes entre ellos". Para la OMC, en cambio, la prioridad es la completa desregulación de la Educación Superior nacional, un mayor control por parte del mercado, un mercado regulado por los tratados internacionales y los requerimientos legales sin la participación de las comunidades educativas ni de los Estados nacionales que cristalizan relaciones asimétricas de poder en beneficio de los países desarrollados.

Álvaro Rojas Marín (2005), en su exposición en una mesa redonda realizada con el objetivo de discutir este fenómeno en la Universidad Adolfo Ibáñez, plantea que en el nivel académico la internacionalización no es un fenómeno nuevo, sino que siempre ha existido. Aunque originalmente era más vertical y entre pares, ahora la modalidad es más horizontal y con tendencia a operar en redes. Por otra parte, el fenómeno es nuevo a nivel de estudiantes de grado.

José Joaquín Brunner (2005), por su parte, propone tres tópicos para analizar la internacionalización: la función educacional, la función de producción de conocimiento y los modelos y políticas de Educación Superior. Asimismo, el autor concluye que América Latina es un actor marginal en transnacionalización y en el mercado global de Educación Superior dado que es un receptor de alumnos temporales, recién inicia su participación en movilidad de programas e instituciones, es una región periférica en producción internacional de conocimientos y tiene baja internacionalización de instituciones de Educación Superior. En investigación, por otro lado, tiene escaso peso en los *rankings* de mayor prestigio a nivel mundial. Tomando este criterio tiene escasa repercusión en la producción de conocimiento mundial. Sin embargo, es una región activa en la recepción de modelos y políticas.

Para Xarur y otros (2008), en un trabajo sobre la temática realizado para la IESALC, la cooperación internacional universitaria como ámbito específico de la cooperación internacional se refiere al conjunto de actividades realizadas entre instituciones universitarias que, a través de múltiples modalidades, permitiría una mayor interacción entre las instituciones y sus comunidades académicas. Además, se aprovecharía mejor las capacidades con que cuenta cada una logrando potenciar las fortalezas individuales, estableciendo nuevas formas de integración y de articulación, al tiempo que se promueve el trabajo en redes. La internacionalización, por su parte, se concibe como una de las formas en que la Educación Superior reacciona a las posibilidades y desafíos de la globalización. Es tanto un objetivo como un proceso que permite que las instituciones de Educación Superior logren una mayor presencia y visibilidad internacional que le permita aprovechar los beneficios que están presentes en el exterior. "La internacionalización sería la respuesta transformadora del mundo académico ante la globalización. La universidad observa críticamente la globalización, se apropia de sus aspectos positivos, recodificando los valores y tendencias que apartan el sistema mundial del desarrollo humano efectivo para todos". Estos planteamientos se contraponen a la globalización "definida como un fenómeno que se extiende a expensas de la diversidad y autonomía de los estados nacionales. La globalización, al igual que la mundialización, conlleva la idea de un proceso de conformación de un único mundo a escala planetaria, donde la eficacia individual y la competencia del mercado son los motores del progreso y del desarrollo, dejando en el camino a los no competitivos".

Estos autores utilizan el término internacionalización como sinónimo de cooperación universitaria e integración regional de la Educación Superior, y separarían estos fenómenos de la prestación de servicios educativos. Esta visión no reconoce la existencia de competencia en los procesos de internacionalización. Estos estarían guiados por intenciones de cooperación institucional entre las instituciones de los diferentes países y no de competencia.

Sin embargo, a pesar de las buenas intenciones que esta teoría atribuye a la internacionalización, los autores advierten que el acento de este fenómeno en las universidades de la región se orienta hacia la búsqueda de alianzas con universidades de los países desarrollados, especialmente en Estados Unidos, Unión Europea, Australia. También la movilidad de estudiantes y profesores muestra una marcada preferencia por estas universidades. Por eso, plantean como objetivo deseable lograr un justo equilibrio que permita traer al continente los desarrollos logrados por los países desarrollados, al tiempo que se establecen lazos de cooperación con los países latinoamericanos y caribeños.

Por otro lado, los procesos de internacionalización evidencian una mayor injerencia internacional en decisiones que en el pasado solo estaban bajo la órbita nacional, y que implican en la mayoría de los casos un menor poder de incidencia de los Estados nacionales sobre los procesos educativos dentro del territorio nacional, debido a que, entre otros aspectos, muchas veces ocurre bajo relaciones asimétricas entre los estados implicados.

El debate conceptual se asocia a distintas valoraciones sobre las oportunidades y riesgos de este fenómeno y, por lo tanto, a las acciones que deben llevarse adelante a nivel nacional, regional e internacional vinculadas a su promoción y a sus posibles consecuencias. Asimismo, en la mayoría de los países este debate está atravesado por diferentes conflictos entre los países y al interior de los mismos entre los diversos actores económicos y sociales involucrados.

1.2. El Espacio Europeo de Educación Superior

Más allá del debate conceptual, la internacionalización de la Educación Superior se manifiesta en la realidad a través de fenómenos como la expansión de una oferta educativa a nivel transnacional y la creciente movilidad entre países de estudiantes, académicos y profesionales. Este proceso tiene una mayor intensidad en el nivel de posgrado. La internacionalización de los estudios se produce a partir de la expansión de las actividades docentes fuera del territorio nacional y esto puede ocurrir mediante el establecimiento de sedes físicas o a través de programas de educación a distancia, y en muchos casos, ocurre en asociación con instituciones nacionales. Por su parte, la movilidad de estudiantes, académicos y profesionales entre países constituye una forma cada vez más frecuente de internacionalización de la Educación Superior. Este fenómeno incentiva la generación de mecanismos para la transferencia y el reconocimiento de estudios y así va produciendo cambios en los sistemas educativos, que pueden llegar algunas veces a favorecer la integración entre los sistemas nacionales como ocurre con el Espacio de Educación Superior Europeo, conocido como el proceso de Bolonia.

El Proceso de Bolonia debe su nombre a la Declaración de Bolonia de junio de 1999 que da inicio a la reglamentación de la reforma de la Educación Superior europea y establece para el año 2010 la creación del Espacio Europeo de Educación (EEES) Superior, a partir de un proceso de convergencia en el que participan gobiernos, universidades, organizaciones sociales y económicas y estudiantes.

El principal objetivo del proceso de Bolonia es la búsqueda de áreas de convergencia entre los sistemas europeos de Educación Superior. Para lograrlo se planteó también la implementación de sistemas de aseguramiento de la calidad, un sistema de ciclos, reconocimiento de titulaciones y períodos de estudio, movilidad, empleabilidad, recopilación de información, investigación. Para su implementación, se realizaron cumbres ministeriales cada dos años que fueron evaluando el proceso y definiendo nuevas metas.[5]

La integración educativa se efectuó a través de la organización de los estudios universitarios en ciclos de grado/posgrado. Siguiendo el modelo estadounidense, se fue configurando una estructura de tres ciclos: el primer ciclo comprende el *bachelor* (grado) de tres a cuatro años de duración, el segundo ciclo incluye el *master* de uno a dos años de duración y el tercer ciclo lo constituye el doctorado. El segundo y tercer ciclo son de posgrado.

Fue en la Declaración de Berlín (2003) que los ministros europeos establecieron el doctorado como el tercer ciclo, definiéndolo también como la primera fase de la carrera

---

[5]   Declaraciones de: La Sorbona (1998), Bolonia (1999), Praga (2001, Berlín (2003), Bergen (2005), Londres (2007) y Lovaina (2009).

de investigación. Se incide además en un aspecto muy importante: el doctorado y, por lo tanto, la universidad se convierten en la pieza de conexión entre los dos grandes proyectos europeos hacia la sociedad del conocimiento, el EEES y el Espacio Europeo de Investigación (Nebot Gil, 2009).

Además de la conformación de tres ciclos, se disminuyó la duración de los estudios en países con tradición en curriculum largos sin salidas intermedias. Este aspecto, junto con los intentos de compatibilizar sistemas nacionales muy diferentes entre sí por la diversidad de programas y estructuras, le imprimieron una gran complejidad al proceso de integración.

Por estas dificultades, se creó el Sistema Europeo de Transferencia de Créditos o *European Credit Transfer System* (ECTS) como base para la transferencia y el reconocimiento de estudios. Este considera, además de las horas de docencia, el aprendizaje global proveniente de todo el trabajo agregado del estudiante. Incluye, por lo tanto, las horas de clase, las horas de prácticas o laboratorios y el tiempo de estudio y de preparación de exámenes. De esta forma, el ECTS facilita la integración de los programas a partir del reconocimiento de titulaciones y períodos de estudio, así como también permite la movilidad de estudiantes entre los países (Barsky y Dávila, 2004).

Por lo general, sesenta créditos ECTS se asignan a la carga de trabajo de un año de aprendizaje formal (año académico) y los resultados del aprendizaje asociados. En la mayoría de los casos, la carga de trabajo de un estudiante oscila entre las 1500 y las 1800 horas por año académico, y un crédito equivale a entre 25 y 30 horas de trabajo.

Los créditos que se conceden en un programa pueden transferirse a otro programa ofrecido por la misma institución u otra diferente. Esta transferencia solo ocurre si la institución que otorga el título reconoce los créditos y los resultados del aprendizaje asociados. Las instituciones asociadas deben acordar previamente el reconocimiento de los períodos de estudios en el extranjero.

En España, por ejemplo, es el Real Decreto 1393/2007 del 29 de octubre el que establece la ordenación de las enseñanzas universitarias oficiales de acuerdo con las líneas generales emanadas del Espacio Europeo de Educación Superior (EEES). Las enseñanzas universitarias oficiales están organizadas en tres ciclos: Grado (240 ECTS), Máster (60-120 ECTS) y Doctorado. Cada ciclo conduce a la obtención de un Título oficial y en todos los casos la superación del primero da acceso al segundo y la superación del segundo da acceso al tercero. Se definen dos tipos de Máster: uno orientado a ejercer una profesión y otro Máster orientado a la investigación. El Doctorado incluye un período de formación y otro de investigación, este último con elaboración y defensa de la correspondiente Tesis Doctoral.

En un contexto de diversidad de enseñanzas y titulaciones, dificultades en su reconocimiento, incremento de la movilidad de los ciudadanos e insuficiente información aportada por los títulos, otro instrumento ideado para facilitar la convergencia es el Suplemento Europeo al Título. Es un documento que añade información al título obtenido mediante una descripción de su naturaleza, nivel, contexto y contenido. Tiene como objetivo incrementar la transparencia de las diversas titulaciones de Educación Superior impartidas en los países europeos y facilitar su reconocimiento académico y profesional por las instituciones.

La creación programada del Espacio Europeo de Educación Superior (EEES) supone un muy profundo cambio de paradigma, tanto en cuanto al papel de las universidades en la sociedad europea como en el marco legislativo y regulador dentro del cual funcionan (Guy Haug, 2008). Para Haug, la gran fuerza del Proceso de Bolonia es su aptitud para cristalizar tendencias ya existentes y proponer soluciones que se hubieran impuesto de todas maneras en la mayoría de los países, pero quizá de manera menos consciente, menos rápida y menos coordinada. La agenda de cambio universitario en Europa se pudo realizar porque existía una convergencia de puntos de vista entre el nivel europeo y nacional.

En lo relativo a la organización de las enseñanzas, Brunner (2008) considera que ha existido la tendencia a interpretar Bolonia como un llamado simplemente a abreviar la duración de los estudios superiores, dándose paso solo en un segundo momento a las consideraciones de fondo sobre la estructura y arquitectura de los estudios. De esta forma, no se ha reparado que en Europa se planteó una gran diversidad de alternativas y excepciones con respecto al acortamiento de la duración de los estudios. Asimismo, esta puede ser utilizada para operaciones de cambio tipo Gatopardo, donde las nuevas formas conservan los viejos contenidos y hábitos. Tampoco se ha considerado suficientemente que Bolonia conlleva dos elementos adicionales esenciales: el ECTS y el suplemento europeo del título, con el fin de promover la empleabilidad de los graduados en el mercado laboral europeo.

Bolonia ha mostrado un horizonte que, sin ser alcanzable para América Latina, sugiere nuevas conversaciones, propone tópicos de análisis, muestra posibles soluciones y enseña políticas y procedimientos para alcanzarlas. En este sentido, el debate en la región se centra en aspectos tales como la duración de los estudios, su arquitectura de grados y títulos, los estándares que deben guiar los procesos de aseguramiento de la calidad, la conformación de espacios regionales y la competitividad internacional de la Educación Superior latinoamericana.

Un fenómeno que Brunner considera llamativo es el rechazo generalizado en América Latina a incorporar prácticas y dispositivos de origen norteamericano, como la acreditación de instituciones y programas, o la estructura de ciclos grado/posgrado y su articulación. Paradójicamente, hay una amplia receptividad a la transferencia desde Europa, incluso reconociéndose el origen norteamericano. Puede ser, señala Malo (2005), que la globalización europea sea vista como una fuerza algo menos atemorizante que la de Estados Unidos, más comprensible y humanitaria que la de los asiáticos, y más acorde con nuestras idiosincrasia y costumbres que la de los australianos.

El Espacio Europeo de Educación Superior como experiencia de integración internacional de estudios fue producto de un largo trayecto no exento de conflictos, algunos de los cuales tuvieron solución, mientras que otros persisten todavía hoy. Los factores que lo hicieron posible fueron, entre otros, el alto grado de coordinación entre gobiernos e instituciones educativas y la activa participación de las comunidades académicas y estudiantiles, así como también el desarrollo de sistemas de aseguramiento de la calidad y de información.

2. El desarrollo del conocimiento y la dinámica del posgrado

Como fue planteado en el capítulo anterior, siguiendo a Castells (1999), el desarrollo científico y tecnológico, las Tecnologías de la Información y la Comunicación (TIC), las transformaciones económicas y sociales producto de la globalización económica y financiera y los cambios en los mercados laborales también fueron transformando a las instituciones universitarias, sus funciones y su relación con la sociedad.

En los mercados laborales se observa una nueva dinámica de mayor complejidad con nuevas ocupaciones, otras que desaparecen, y otras que están en permanente transformación. Se modifican las prácticas laborales, los lugares de trabajo y las relaciones laborales. La globalización genera también una mayor migración de trabajadores.

Estos cambios implican nuevas y mayores demandas a los sistemas educativos que se expresan en la transformación de los programas de enseñanza y los planes de estudio, con una mayor diversificación de áreas del conocimiento, el surgimiento de nuevas disciplinas y nuevas carreras, y una creciente interdisciplinariedad y flexibilidad en los planes de estudio.

Hay una mayor articulación entre la educación y el mundo del trabajo. Las prácticas laborales en las empresas tienen una creciente relevancia para la formación profesional y, por lo tanto, son cada vez más incorporadas en los programas de estudio. En este sentido, también se desarrolla crecientemente la educación continua con el objetivo de garantizar oportunidades de educación para todas las personas a lo largo de su vida, facilitando así la transición entre estudio y trabajo y la movilidad de los estudiantes dentro y entre instituciones.

Por otra parte, la investigación y, en particular, la innovación tienen un rol cada vez más relevante en el desarrollo. Por eso, los Estados destinan mayores recursos para este fin. Aumenta también la participación de los sectores productivos, tanto en el financiamiento como en la generación de conocimiento científico y tecnológico.

Gibbons (1997) sostiene que ha surgido un nuevo modo de producción de conocimiento que se basa en la producción del conocimiento en los contextos de aplicación, dado que son los problemas quienes guían la producción de conocimiento y, por eso, se organiza de manera transdisciplinar. La complejidad que adquieren los problemas requiere soluciones desde varias disciplinas. Por eso, se transita desde una investigación centrada en áreas disciplinaria a otra centrada en los problemas.

Existe, a su vez, un sistema de control de la calidad más amplio y ambiguo que la publicación académica sujeta a la revisión por pares. Los productores de conocimiento deben responden también frente a las partes interesadas y a la sociedad en su conjunto, y no solo ante la comunidad científica.

La gestión de este tipo de conocimientos requiere de equipos que luego se puedan re-articular. En este sentido, se vuelven necesarias las alianzas entre instituciones a nivel nacional e internacional. Este fenómeno incentiva la generación de redes entre universidades, entre universidades y empresas, y entre universidades y otras instituciones sociales. Asimismo, hay una mayor conexión entre los sistemas de Educación Superior y los sistemas de ciencia y tecnología, y promueve el desarrollo de posgrados vinculados a la investigación.

Si bien este conjunto de cambios atraviesa la Educación Superior en general, las transformaciones más importantes ocurren más intensamente a nivel del posgrado. Este nivel educativo tiene reglas de oferta, demanda, competencias, estudiantes, docentes, investigación diferenciadas del grado (Rama, 2008). Además, el posgrado es una estructura educativa más global que nacional dadas las formas mundiales de producción de saberes. Por eso, es el espacio de conformación de la educación transnacional.

Más allá de las diferentes tradiciones disciplinarias que se desarrollan de acuerdo a la influencia de las legislaciones, las políticas y los mercados nacionales, en el posgrado se evidencian claramente algunas tendencias: aparición de nuevas disciplinas, interdisciplinariedad, especialización, internacionalización (Barsky y Dávila, 2004).

Víctor Cruz Cardona (2009) plantea que actualmente se está discutiendo y repensando conceptualmente las características y el rol que debe tener el posgrado. Una revisión de la literatura sobre el tema permite inferir que el posgrado hoy es tema de debate obligado en instituciones y sistemas de Educación Superior. La formación superior avanzada está registrando algunas tendencias (Enders, 2004, Golde et al, 2006, Walker et al, 2008):

- Una creciente cantidad de aspirantes a la educación de posgrados, que además tienen un perfil más diverso.
- Un papel más significativo de la investigación científica y aplicada en el desarrollo económico y social.
- La internacionalización de la oferta educativa.
- Un rol más activo de políticas de posgrado dado por una preocupación estatal por este nivel de formación.

El desarrollo del conocimiento y su impacto en la economía y la sociedad ha contribuido a la expansión de las carreras de posgrados en la medida que exige una mayor especialización y una formación más compleja e interdisciplinar. Estas necesidades generan una demanda de personal calificado por parte del Estado y el sector productivo. Por su parte, el proceso de internacionalización tiene una gran intensidad a nivel del posgrado, sobre todo con el crecimiento de la oferta virtual. En este crecimiento hay mayor incidencia de las políticas públicas, en particular, un incremento del financiamiento estatal, incentivos para el crecimiento de la oferta privada, y desarrollo de sistemas de becas.

Con respecto a la formación doctoral se observan también algunas tendencias (Nyquist y Woodford, 2000):

- Acortar la duración de los programas de doctorado, con el fin de lograr una mejor empleabilidad.

- Formar egresados para que se puedan desempeñar en variados entornos de manera de expandir la empleabilidad a otros ámbitos diferentes al académico.
- Asegurar una mayor variedad en el perfil de doctorandos, dándole cabida a alumnos que vienen de otras disciplinas para estimular así el trabajo interdisciplinario.
- Planes de estudio:
  - asegurar que el trabajo interdisciplinar se convierta en parte integral de su formación doctoral de manera tal que los futuros doctores puedan interactuar con personas de otras disciplinas;
  - una mayor comprensión del entorno económico, productivo y social a nivel nacional y mundial se considera fundamental para ampliar, profundizar y generar nuevo conocimiento;
  - más manejo de tecnologías de información y comunicación.
- Proceso de enseñanza/aprendizaje con un mayor papel de tutorías y atención en el alumno. Algunas de las estrategias más comúnmente utilizadas son procesamiento y transferencia de información, análisis crítico, formación de conceptos, interpretación de datos y aplicación de principios tutoriales.

En las maestrías se acepta la coexistencia de maestrías académicas y maestrías profesionales, con diferencias en los fines, los propósitos y las competencias. Las maestrías académicas imparten una formación en investigación, mientras que las maestrías profesionales se orientan a la formación profesional.

Sin embargo, esta distinción no está del todo clara. Por el contrario, en un contexto en permanente transformación como el actual, los límites entre la orientación académica y la orientación profesional son cada vez más difusos. Una formación de calidad requiere múltiples interrelaciones entre el mundo académico y el profesional. Para esto, es necesario superar concepciones que plantean límites rígidos entre la docencia, la investigación y la práctica profesional. La transformación en la enseñanza de posgrado debe implicar un equilibrio entre investigación y formación (Abreu, 2009).

El avance y desplazamiento de las fronteras del conocimiento requiere un entrenamiento intensivo en investigación y también entrenamiento y formación altamente especializada en un campo profesional. Por esta razón, se han ampliado los títulos de doctorado. En Estados Unidos, se ofrecen títulos de Doctor en campos del ejercicio profesional como *Doctor of Education* (EdD), *Engineering Doctorate* (EngD) y *Doctor of Business Administration* (DBA) como alternativa a los tradicionales *Philosophical Doctor* (Ph.D.) y *Professional Doctor* (P.D.). La diversidad de títulos y opciones parecería marcar la tendencia. A los anteriores, que tienen una orientación más profesional, se suma el *Doctor of Sciences* (D.Sc.) con una orientación más académica. Otro tipo de doctorado son los *work-based* o *practice-based* que están basados en la práctica profesional o artística y se dan, por lo general, a artistas o ingenieros. Otra opción es el doctorado por publicaciones. Acá el candidato presenta publicaciones arbitradas por la comunidad científica internacional en un campo del conocimiento. También en los Estados Unidos se incrementa la oferta del *New Route Ph.D* que se diferencia del anterior Ph.D. por tener una escolarización intensa (Cardona, 2009).

Si bien hay nuevas tendencias, también existe una influencia de las diferentes tradiciones que fueron configurando los doctorados en las distintas regiones. El acceso al doctorado en la Unión Europea requiere un máster o estudios similares. En Estados Unidos, se exige el máster aunque hay excepciones y en América Latina hay diferencias entre los países dado que en algunos se exige maestría previa y en otros el acceso al doctorado es directo. Por otra parte, el curriculum del doctorado en la Unión Europea es flexible y centrado en el alumno; en Estados Unidos, escolarizado y flexible; y en América Latina es generalmente escolarizado. No se trata de definir ni jerarquizar modelos de calidad, sino de diferentes tradiciones a partir de las cuales en las distintas regiones se han configurado los doctorados. Es fundamental comprender estas diferencias porque hoy están condicionando las tendencias generales que señalábamos en la formación de posgrado y su aplicación, dado que estas tendencias implican la importación, incorporación e integración de otros modelos nacionales que es necesario compatibilizar con los tradicionales modelos locales.

En este sentido, en doctorados se mantiene la tradición del Ph.D. como contribución original y significativa al conocimiento científico, y se suma el PD que, además de contribuir al avance del conocimiento, también tiene una aplicación en la práctica profesional. Asimismo, la admisión se vuelve más flexible, y hay un mayor trabajo en equipo, más interdisciplinariedad, curriculum semiescolarizados y tutorías.

Gabriela de la Cruz y Luis Felipe Abreu (2008) sostienen que la tutoría debe reestructurarse para ir más allá del ámbito escolar, rompiendo con el carácter relativamente cerrado y acotado de las actividades escolares para aproximar de manera progresiva a los alumnos a los entornos de la práctica y al conocimiento situado y articulado con los procesos de innovación. Los principales retos de la tutoría pueden agruparse en:

- Evitar la tendencia a centrarse exclusivamente en la adquisición del conocimiento explícito para valorar de igual forma la relevancia del conocimiento tácito.

- Transitar desde una tutoría centrada en los ambientes escolares cerrados hacia los sistemas abiertos situados en el mundo real.
- Integrar a los alumnos con las comunidades de profesionales de alto nivel orientadas a la innovación.
- Ejercer una tutoría de tal manera que guíe las actividades de los alumnos y además propicie el traspaso progresivo del control, la autorregulación y la transferencia creciente de responsabilidad hacia los alumnos.
- Superar la visión de la tutoría como una relación bipersonal para abrir espacios de multitutorías realizadas por comunidades de práctica que permitan construir redes profesionales.

Según estos autores, los grupos de trabajo profesional asumen la importancia del trabajo multi y transdisciplinario y reconocen que la diversidad genera conocimiento. En consecuencia, la tutoría no puede concebirse como una mera relación bipersonal, sino como un proceso situado en la práctica profesional grupal. La conformación de estos grupos puede favorecerse, tanto si los tutores promueven que los alumnos establezcan nexos con equipos de varios profesores y expertos, cuanto si los alumnos se relacionan entre sí, con sus propios pares. Es decir, implica simultáneamente tres tipos de interacciones:

- Vertical: entre tutor y alumno
- Horizontal: entre alumnos
- Diagonal: con otros expertos

En este sentido, las multi-tutorías o tutorías colegiadas implican:

- Superar la visión de la tutoría como una relación bipersonal.

- Grupos de tutores con diversos enfoques y campos de pericia.
- Fomentar el trabajo interdisciplinar y la diversidad de enfoques.
- Tienen como objetivo favorecer la reflexión en la acción y sobre la acción.

Otro punto de discusión suele ser el límite entre maestrías y doctorados. Este no es claro en la medida que muchas competencias básicas deben ser atendidas por ambos tipos de formación. Aspectos como el desarrollo de la capacidad para pensar analíticamente, integrar conocimiento, abordar problemas complejos, la capacidad de adaptación a distintos entornos, la capacidad para aprender solo, para abordar un objeto de conocimiento con rigor académico y científico, para asumir responsabilidad ética y social por sus actuaciones académicas y científicas, entre otros, deben ser parte de la formación de posgrado.

En rasgos generales, las tendencias en posgrados evidencian como objetivo una formación general, personal e intelectual para que el alumno adopte una actitud más abierta y flexible ante un objeto de conocimiento, se comunique mejor más allá de las fronteras de su propia disciplina y demuestre ser autónomo intelectualmente. Se debería facilitar la construcción de un entorno de enseñanza-aprendizaje que facilite el trabajo colaborativo, interdisciplinar, la participación activa del alumno en sus procesos de formación, su integración en equipos de trabajo, la resolución de problemas complejos en tiempo real, la generación de resultados tangibles y el aprendizaje autónomo tutelado en forma colegiada (Abreu, 2009; Cardona, 2009).

CAPÍTULO 4
LA DINÁMICA DE LOS POSGRADOS
EN AMÉRICA LATINA

Este capítulo comienza con un análisis del desarrollo reciente de los posgrados en América Latina, en particular el que tiene lugar a partir de la década del noventa que, más allá de las diferencias entre países vinculadas a las tradiciones nacionales, presenta una serie de aspectos comunes asociados a problemáticas que en muchos casos se explican por las políticas desarrolladas y sus dificultades para regular adecuadamente el crecimiento de una oferta de posgrado de calidad. Se discute también el proceso de internacionalización de los posgrados en América Latina y las características que el fenómeno adquiere en la región. Por último, se desarrollan, de manera complementaria con los aspectos analizados algunos aspectos del debate sobre posgrado en Argentina y Brasil.

1. El desarrollo reciente de los posgrados en América Latina

Las carreras de posgrado en América Latina no son un fenómeno reciente, pero en las últimas décadas se incrementa notoriamente la oferta de carreras en este nivel, sobre todo a partir de la década de los noventa, en sintonía con las transformaciones que ocurren a nivel mundial en la Educación Superior. Por otra parte, esta expansión de la oferta de carreras evidencia un alto grado de diferenciación al interior de los sistemas nacionales de Educación Superior que, más allá de distinciones entre los países de la región, tienen varios aspectos comunes que están relacionados con la dinámica que adquiere el proceso de desarrollo de la Educación Superior en la región.

Claudio Rama (2006) define, de acuerdo con un desarrollo histórico, tres modelos de Educación Superior en América Latina. En una primera etapa, está el modelo universitario con mayor centralidad del sector público, aunque con diferencias entre países. A partir de los años sesenta del siglo XX, comienza a emerger un modelo dual estatal-privado que da origen a sistemas de Educación Superior cada vez más diversificados. Finalmente, el último modelo se vincula a los procesos de internacionalización, coexistiendo el sector estatal y el sector privado con un creciente sector internacional.

La etapa actual está marcada, entre otros aspectos, por un nuevo rol del Estado que se centra en sistemas de aseguramiento de la calidad, en la búsqueda de la regulación pública a carreras nacionales e internacionales, la necesidad de dar respuesta a la demanda e incrementar la cobertura, el desarrollo cada vez más estratégico de carreras de posgrados y la expansión de su oferta, el crecimiento de la educación transfronteriza, la búsqueda y conformación de alianzas internacionales y una nueva etapa en la que tiene cada vez más influencia la competencia internacional.

Asimismo, existen múltiples diferenciaciones entre países. El sector público puede ser autónomo o no, universitario o no. El sector privado puede ser con o sin fines de lucro, el sector externo puede ser público o privado, virtual o presencial, nacional o transfronterizo. Esta nueva fase de la educación transnacional está marcada por una dinámica triangular con complejas relaciones de competencia y acuerdo entre dichos sectores, que se presenta principalmente a nivel de los posgrados.

Con diferencias entre los distintos países, las políticas de posgrado se centran en aspectos tales como evaluación y acreditación, financiamiento, titulaciones, regulación, en particular del sector privado e internacional, integración regional. Estas políticas no están exentas de tensiones en la medida que expresan los intereses de los diferentes actores, y estos no solo no siempre coinciden, sino que en muchos casos entran en conflicto, y estas tensiones, en gran medida, explican algunas dificultades que adquiere el desarrollo de las carreras de posgrado en la región. A continuación, se analizan algunos de estos problemas.

1.1. Oferta fragmentada con diferencias en la calidad

Algunos problemas de los posgrados en la región (Rama, 2007) son la baja cobertura, la carencia de procesos de integración entre los posgrados al interior de los países, la escasa o nula inserción con la investigación, la reducida cantidad de opciones disciplinarias y los bajos niveles de acreditación y evaluación de la calidad. Por otro lado, otra característica que señala el autor la generalización del arancelamiento de carreras de posgrados que ocurre en el sector privado y también en el estatal, que es un problema cuando no hay un sistema de becas para atender a diferentes sectores sociales. En el sector estatal, el posgrado es el mecanismo a través del cual las universidades pueden incrementar sus presupuestos.

Otra característica que señala Rama (2007) a nivel de posgrados es la diferenciación entre los posgrados de los países centrales y los de las sociedades periféricas. Esta doble característica de los posgrados entre los países centrales y las sociedades periféricas en la sociedad de la información es también una derivación de la nueva división internacional del trabajo intelectual que se está conformando, en la cual las migraciones de profesionales, docentes y estudiantes, la inserción de los mejores posgrados de la periferia en los circuitos de calidad globales y la articulación de las investigaciones, que concluyen muchas veces en patentes en los países centrales, parecen articularse como ejes constitutivos de la dinámica de la internacionalización de la Educación Superior.

1.2. Financiamiento insuficiente y dificultad para regular el crecimiento de los sistemas

Otros autores también identifican como problema la calidad de la oferta de posgrados, vinculada estrechamente al financiamiento, en particular durante la década de los noventa y, en este sentido, también observan diferencias entre la región y los países centrales. La explosión de la matrícula y de la cantidad de instituciones educativas no ha implicado un incremento equivalente de recursos. La estrechez financiera de los estados latinoamericanos para solventar adecuadamente los gastos en educación, ciencia y tecnología ha provocado una situación muy grave para la región y ha contribuido a distorsionar el sistema de enseñanza superior. De acuerdo con Barsky, Domínguez y Pousadella, (2004), la presión provocada por el aumento de la matrícula estudiantil y de la masa de docentes necesaria para atenderla no se ha visto compensada financieramente, dado que, a pesar de que los presupuestos universitarios han tenido incrementos globales importantes, no alcanzan a cubrir la magnitud de la expansión.

La opción ha sido la de reasignar los recursos hacia la docencia y el mantenimiento burocrático de las instituciones en detrimento de las inversiones en laboratorios, bibliotecas y gastos corrientes de investigación. Además, en la región, a diferencia de otras zonas del mundo, el sector privado realiza un aporte muy escaso al financiamiento de estas actividades, y las universidades privadas sostenidas casi en forma exclusiva por matrículas no pueden solventar actividades de investigación de alto costo. Todos estos elementos vinculados al financiamiento explican la expansión de carreras de bajo costo e incierto destino laboral. Se agrava así un círculo negativo entre crecimiento acelerado del sistema, recursos relativos declinantes y pérdida constante de peso de América Latina en investigación y desarrollo a nivel internacional.

Con el cambio de década, sin embargo, en varios países ha ido aumentando el presupuesto estatal para la universidad. Y esto se manifiesta en un crecimiento del sector universitario estatal y, en particular, a nivel de las carreras de posgrado. En Argentina, por ejemplo, entre 2002 y 2007 se observa un crecimiento anual de 8,8% en los posgrados de gestión estatal y 1,8% entre los de gestión privada (Férnandez, 2010).

Otra característica factor que explica los problemas de calidad en la región es una desestructuración institucional (Barsky, Domínguez y Pousadella, 2004). En las sociedades modernas, las funciones de la educación de posgrado se orientaron al perfeccionamiento de egresados universitarios en dos grandes vertientes: la especialización profesional y la formación de investigadores y docentes universitarios. En América Latina, sin embargo, se presenta una incapacidad de adecuación institucional de los sistemas a los nuevos desafíos. Las dificultades para cumplir estos objetivos, en gran parte, se deben a un alto grado de heterogeneidad, al interior de los sistemas nacionales de Educación Superior que implica diferencias no solo en cuanto a la diversidad de las propuestas, sino a la calidad de las mismas.

La explosión del número de instituciones tanto públicas como privadas en las dos últimas décadas ha contribuido aún más a incrementar la heterogeneidad. Esta situación refleja, en muchos casos, una escasa capacidad de las políticas públicas en Educación Superior para dar respuesta a las necesidades de la demanda. En algunos países, las universidades privadas apuntan a la élite, mientras las públicas sufren de escasez de fondos y están pobladas por estudiantes con pocos medios y bajo nivel educativo. En otros, la educación pública es altamente selectiva y de buena calidad. Por último, entre estas dos situaciones polares existen diversas combinaciones de situaciones de masividad, calidad y recursos (Barsky, Domínguez y Pousadella, 2004).

Una respuesta social fue la irrupción de gran cantidad de universidades e institutos privados que captaron parte de la demanda social con ofertas flexibles y, en algunos casos, de escasa calidad. En otros casos, buscaron capturar con ofertas de buena calidad, muchas veces articuladas con universidades del exterior de alto prestigio, a los sectores de mayores recursos económicos.

En el ámbito de la universidad pública, la relación Estado-institución tiende a volverse cada vez más conflictiva. Por un lado, en los casos donde el sistema público de enseñanza es mayoritario y masivo, los conflictos se han exacerbado. Por el otro, allí donde el sistema público se ha vuelto restrictivo y ha dejado la masividad en manos de las instituciones privadas (Brasil, Colombia, El Salvador), cada vez resulta más difícil frenar la proliferación de instituciones desreguladas, baratas y de dudosa calidad, adonde deben acudir, como en Brasil, quienes cuentan con escasos recursos (Schwartzman, 1999).

1.3. Conflictos en la articulación de las tradiciones europeas con la actual influencia estadounidense

Otro factor que explica la heterogeneidad de los sistemas por errores o dificultades en la regulación tiene que ver con que las estrategias de políticas desarrolladas para expandir los sistemas de posgrado siguieron como modelo el sistema estadounidense estructurado en el doctorado que se terminó superponiendo y entrando en conflicto con los sistemas universitarios nacionales de tradición napoleónica. En Estados Unidos, la masificación y la necesidad de salidas laborales más rápidas generaron un crecimiento en el número de doctorados. Paralelamente a su expansión, se disminuyó la duración y exigencia de las maestrías, aplicando políticas que contribuyeran a la transformación gradual y coherente del conjunto del sistema. Asimismo, como ya fue tratado anteriormente, el espacio de integración de la Educación Superior en la Unión Europea se configuró siguiendo el mismo esquema, proceso que implicó, y todavía implica, dificultades y conflictos en la medida que fue necesario adaptar los sistemas de Educación Superior europeos y, en especial, disminuir la duración de las carreras de grado de cinco a seis años en los países de la Europa continental. En América Latina, los sistemas de Educación Superior presentan este mismo problema de carreras de grado de larga duración en la medida que siguen la tradición europea (Barsky y Dávila, 2004).

La construcción y ampliación de la etapa de posgrado ha acentuado algunos problemas ya existentes (Barsky, Domínguez y Pousadella, 2004). Por un lado, si bien generan nuevos programas de posgrado, las instituciones se resisten a reducir la duración de sus carreras de grado, basadas en el clásico sistema de licenciatura de origen europeo, de entre 5 y 6 años. Ello implica en muchos casos la duplicación de contenidos entre la última etapa del grado y las carreras de posgrado.

Por otro lado, al tradicional esquema de licenciatura (grado), especialización y doctorado (posgrado), heredado fundamentalmente de la cultura europea se le superponen hoy, sin demasiado orden curricular, las maestrías que son propuestas educativas derivadas de la experiencia anglosajona. Esto tiene dos efectos no deseados. Primero, la extensión de la duración del ciclo universitario (sobre una licenciatura de cuatro o cinco años se monta una maestría de dos y un doctorado de entre tres y cinco, cuando no una especialización o certificado de uno) sin justificación aparente y, segundo, la erosión del significado y función específica de cada programa. Es así que tenemos especializaciones que no logran diferenciarse de una maestría por la temática que abordan, maestrías que tienden a repetir conceptos ya ofrecidos en grado y maestrías que no se pueden diferenciar de los doctorados.

1.4. Sistemas de evaluación y acreditación dominados por la lógica de las Ciencias Exactas y Naturales

En los sistemas de evaluación y acreditación de la calidad predominan visiones que están dominadas por los paradigmas de la enseñanza de grado y posgrado de las Ciencias Exactas y Naturales que se imponen a las demás disciplinas. Becher (1989) a partir de su investigación sobre la relación entre las formas de conocimiento y las comunidades de conocimiento asociadas a ellas en distintas instituciones de Estados Unidos sostiene que dentro del mundo académico los dominios del conocimiento duro tienen más prestigio que los blandos y los básicos más que los aplicados. En general, las áreas y profesiones menos prestigiosas adoptan características y metodologías de las más prestigiosas para aumentar la jerarquía o porque son quienes dominan e imponen a través de diversos mecanismos, como la asignación de recursos (Dávila, 2002).

Para las Ciencias Exactas y Naturales hay una sola forma de hacer investigación y, por ende, de actividades de posgrado. Así, la docencia se integra con el proceso de investigación en laboratorio o unidad académica y las actividades de posgrado consisten directamente en un Doctorado donde se es parte de un equipo de investigación encabezado por un académico de prestigio. Este equipo tiene acceso a publicaciones en revistas internacionales con referato, donde publica. Las publicaciones no son individuales sino que son firmadas por un grupo generalmente numeroso y donde el orden de aparición está vinculado con el ascenso dentro de la jerarquía del grupo y, por ende, de la investigación. No tener un Doctorado y no publicar en estas revistas internacionales equivalen a ser inexistentes en materia científica. El tema se agrava si se piensa que las publicaciones son obras de un equipo con muchos miembros (5, 6 o 7, son números corrientes). Por lo tanto, cada miembro puede tener muchas publicaciones anuales. Hay investigadores que a lo largo de su carrera muestran 200 o 300 publicaciones, lo que es impensable en el resto de las disciplinas.

Este paradigma es distinto para las Ciencias Sociales y las Humanidades. Comenzando por las publicaciones para esta área, un libro publicado en una editorial especializada tiene mayor importancia que un artículo. Un libro es el resultado de muchos años de investigación, generalmente realizadas en forma individual o como máximo en colaboración con otro autor. Incluso, un artículo es el resultado de varios meses de trabajo individual.

La concepción extrema de la dedicación full time de los profesores de posgrado tiene una conexión estrecha con la tradición de los procesos de enseñanza-investigación de las Ciencias Exactas y Naturales (Barsky y Dávila, 2004). En este ámbito, no hay otra forma posible de trasmisión razonable de conocimientos vinculados a procesos de experimentación, manejo de prácticas de laboratorio, etc. En otras disciplinas la mayor parte de las investigaciones no requieren ser realizadas en grandes equipos y menos en la misma institución. Lo importante es que se trate de investigaciones relevantes vinculadas con la temática del posgrado y que puedan ser trasmitidas adecuadamente a los estudiantes. Asimismo, en otras actividades, particularmente en las ligadas a las profesiones liberales y, sobre todo en algunas áreas, la calidad de la planta académica se define por su inserción fuera del posgrado y muchas veces de la propia entidad donde este se dicta. En los posgrados vinculados al mundo productivo y/o empresarial, por ejemplo, lo que importa son la trasmisión sistematizada de los procesos que se conocen a partir de prácticas sociales efectivas. Debería interesar, entonces, mucho más la calidad de los recursos humanos y de los procesos de formación de los estudiantes que el conteo mecánico de los recursos humanos que una institución capta.

Asimismo, este problema plantea algunos conflictos con las tradiciones disciplinarias. Las especializaciones son la modalidad principal de posgrado en las áreas de Ingeniería, Ciencias de la Salud y en algunos casos Derecho. Las maestrías han sido por mucho tiempo el techo superior para las Ciencias Sociales, la Administración y los negocios, la Ingeniería Agronómica, entre otros. El doctorado, en cambio, ha sido el posgrado terminal para las Ciencias Exactas y Naturales, así como también para las Humanidades.

Uno de los principales problemas se presenta con la generalización de la jerarquización del doctorado como carrera terminal en todas las áreas. Esto tiene, entre otras consecuencias, la exigencia de este nivel de estudios a los docentes e investigadores para acceder a algunos cargos docentes y para concursar por recursos de investigación en un contexto de escasa oferta de doctorados. Estas políticas contradictorias generan distorsiones en los sistemas nacionales de Educación Superior, en la medida que los académicos con doctorado son pocos y generalmente pertenecen a aquellas áreas disciplinarias en las cuales este nivel de estudios se desarrolla tradicionalmente como las Ciencias Exactas y Naturales. En algunos casos, cuando la distribución de recursos económicos se asocia a criterios de evaluación que jerarquizan el doctorado, estas áreas disciplinarias terminan concentrando la mayor parte de los recursos para investigación planteando un problema de inequidad distributiva y generando distorsiones en los desarrollos de las áreas disciplinarias y las profesiones (Barsky y Dávila, 2009).

1.5. Hegemonía académica e incompatibilidad con las demandas productivas y sociales

Por otra parte, vinculado también con lo anterior, los posgrados tienen una fuerte orientación académica. Las tendencias mundiales muestran, como ya se indicó, la conformación de una oferta diversa que atienda las necesidades de formación de investigadores y docentes y también de profesionales. En Estados Unidos, existen doctorados y maestrías con orientación académica y otros con orientación profesional que preparan profesionales para desempeñarse en el sistema productivo. Sin embargo, en la región los doctorados, siguiendo la tradición, tienen un importante sesgo académico y no hay en general políticas que incentiven el desarrollo de doctorados profesionales. A nivel de maestrías, ha existido una gran resistencia al desarrollo de orientaciones profesionales que recién ahora se está superando (Marquis, Spagnolo y Valenti, 1998; Barsky y Dávila, 2004 y 2009).

Entre otros problemas, se plantean diferencias en la evaluación de posgrados académicos y profesionales a favor de los primeros, y así se termina castigando y perjudicando la creación de posgrados profesionales. El denominador común de la definición de la calidad es el perfil académico. El énfasis en investigación, en determinado modelo de investigación orientado por la publicación, en la dedicación exclusiva y el título de posgrado suelen ser los ejes centrales de esta definición de la calidad de las carreras de posgrado. Incluso en los posgrados profesionales como las especializaciones se jerarquizan estos criterios académicos por encima de otros como es el caso de la experiencia profesional de los docentes. Esto afecta la evaluación de las propuestas profesionales. Asimismo, estas distorsiones se acentúan en la medida que la fuerte expansión de los posgrados desde los 90 se localizó dominantemente en el nivel de las especializaciones (Rama, 2007), posgrados profesionales por excelencia. Y la mayor demanda por parte de las empresas se da fundamentalmente para quienes tienen posgrados profesionales, sobre todo especializaciones (Barsky y otros, 2010). De esta forma, muchas veces ocurre que las políticas de posgrado van a contramano de las necesidades de la demanda.

2. La internacionalización de los posgrados en América Latina

2.1. El crecimiento de la educación transnacional y la configuración de diferentes escenarios en la región

De acuerdo con Didou (2006), durante la década de los noventa las políticas de internacionalización de la Educación Superior apuntaron a programas de movilidad académica y estudiantil y de constitución de redes. A finales de los noventa, también se instalaron en América Latina los proveedores transnacionales de Educación Superior. La transparencia y la rendición de cuentas, la evaluación y la acreditación, el reconocimiento mutuo de los títulos y la convalidación de créditos, la convergencia de los sistemas de Educación Superior y la arquitectura de los planes de estudio son tópicos que han cobrado una importancia crucial.

Las autoridades gubernamentales e institucionales impulsaron la internacionalización de la Educación Superior para responder a la globalización y, más precisamente, a acuerdos de integración regional. Se negociaron programas con países centrales de Europa y con Estados Unidos y, en menor grado con países vecinos, para intercambiar recursos humanos, formar redes de investigación, preparar profesores y adquirir equipamientos. También las instituciones de Educación Superior firmaron convenios con establecimientos ubicados en el extranjero con propósitos generales similares y con el objetivo de proponer grados compartidos a sus estudiantes, conforme con modalidades mixtas, cooperativas y con fines de lucro. También las fuentes de financiamiento se diversificaron dando más espacio al financiamiento privado.

Sin embargo, el principal destino de los estudiantes sigue siendo el patrón tradicional de distribución geográfica: Estados Unidos, Gran Bretaña, España, Francia y Alemania, siendo bajo el porcentaje inscrito en otros países de América Latina. Asimismo, como espacio de recepción de estudiantes extranjeros extra-regionales, América Latina es escasamente competitiva. Paralelamente, ha aumentado la movilidad estudiantil y profesional hacia los países desarrollados –fuga de cerebros– debido a diversas razones tales como las necesidades de reclutamiento de los países desarrollados, las facilidades otorgadas para el libre tránsito de profesionales y a las diferencias entre sueldos, oportunidades de carrera, diferencias en la calidad de vida.

Por su parte, las instituciones de Educación Superior firman cada vez más convenios con sus homólogas para proponer licenciaturas y posgrados con la posibilidad para los egresados de obtener un título reconocido por dos o más instituciones, diferenciándose en cuanto a las condiciones para obtener un grado, el número de contrapartes involucradas, el perfil, el costo de las carreras, la duración, requisitos de inscripción, entre otros aspectos. Sin embargo, son escasas las iniciativas de reformas curriculares destinadas a adaptar los perfiles profesionales de los egresados a mercados de trabajo cambiantes. La internacionalización del currículum ha consistido esencialmente en la incorporación de materias instrumentales (idiomas extranjeros y computación) y en la apertura de carreras en áreas de alta demanda (relaciones, economía, derecho y comercio internacionales).

La oferta transnacional y comercial de servicios educativos, por su parte, en los últimos 10 años, ha pasado de estar centrada en el posgrado a atender licenciaturas, carreras en dos años y necesidades de actualización profesional. Asimismo, está sesgada hacia determinadas áreas disciplinarias: económico-administrativas –como los MBA–, ciencias sociales y humanidades son de alta demanda (se trata de ámbitos profesionales no considerados como de riesgo social), mientras que es escasa la oferta en Ciencias de la Salud, Ingeniería, Tecnología y Agronomía.

El crecimiento de la educación transnacional se presenta a partir de diversas modalidades destacándose los proveedores extranjeros y nacionales con nuevas formas de suministro. En muchos casos, el crecimiento de la oferta transnacional se produce en asociación con instituciones nacionales, siendo un mecanismo frecuente la doble titulación. En otros, los avances de este tipo de educación están generando una industria de exportación de servicios de Educación Superior, que incluye tanto a proveedores extranjeros como nacionales.

En los países del MERCOSUR, son mayoría los casos en que el marco legal no autoriza la instalación de una universidad extranjera de modo directo. Se requiere un proceso de nacionalización de la institución que varía de acuerdo al país, pero que en casi todos los casos implica la constitución de una entidad nueva de acuerdo a la normativa vigente. Adicionalmente, en la mayoría de ellos (Argentina, Brasil, Paraguay, Uruguay), se requiere que se trate de una entidad sin fines de lucro (asociación civil o fundación), lo que supone mayores dificultades que crear una nueva sociedad comercial e impone requisitos –en varios casos– de un número mínimo de integrantes que sean ciudadanos o al menos residentes del país (Hermo y Pittelli, 2008).

Una de las principales dificultades de la educación transnacional se presenta en la regulación y control de la calidad de la oferta transnacional, siendo mayor el problema con la educación virtual. Por un lado, la alta diversidad de carreras, modalidades –presencial, semipresencial y a distancia– y proveedores plantean algunas complicaciones para definir los criterios de calidad. Por otro lado, muchas veces se presentan también conflictos respecto a quien compete la evaluación de la calidad de esta oferta.

Un conocido ejemplo en América Latina es el de la *American World University* (AWU) registrada y autorizada por la Secretaría de Estado de Iowa y Hawai, EE.UU., que ofrece carreras virtuales en Brasil. Esta institución posee acreditación nacional e internacional de la WAUC (*World Association of Universities and Colleges*). Sin embargo, no es reconocida en Brasil dado que desde 1997 el Consejo Nacional de Educación de Brasil limita la posibilidad de brindar cursos a distancia al establecer que no serán validados ni reconocidos para cualquier fin legal, diplomas de grado ni de posgrado (maestrías o doctorados) obtenidos a través de cursos suministros en Brasil por instituciones extranjeras, especialmente en las modalidades semipresencial o a distancia, o mediante cualquier forma de asociación con instituciones brasileñas sin una debida autorización de poder público. Por su parte, la AWU afirma no estar instalada en Brasil, sino en el Estado de Iowa y en Hawai (Estados Unidos de América) y no administra clases en Brasil, ya que sus estudiantes se matriculan en AWU (Universidad de Estados Unidos de América) y no en una institución brasileña. Por estos motivos, la AWU afirma que la Resolución en cuestión no es aplicable a su caso (García Guadilla, Didou y Marquis, 2002). En este caso, no existe acuerdo sobre dónde aplicar el aseguramiento si en el país de origen de los programas transnacionales o en el país de destino de los mismos.

Otras dificultades ocurren debido a que la Educación Superior al formar parte del sector educativo integra uno de los sectores contemplados en el Acuerdo General sobre el Comercio de Servicios (AGCS) administrado por la Organización Mundial del Comercio (OMC) y trabaja en la eliminación o disminución de barreras arancelarias que inhiben el flujo de servicios. Existe una gran polémica en torno a la liberación de los servicios educativos. Desde las comunidades universitarias nacionales, hay una fuerte oposición en la gran mayoría de los países. Incluso, desde los gobiernos existen reparos, en gran parte debido a que la liberalización de los servicios implicaría la pérdida del control sobre la educación nacional.

Por otra parte, más allá de estas posiciones, es innegable que la implementación del acuerdo dificultaría aún más las ya de por sí complejidades que se presentan en la regulación y el control de la calidad de una oferta transnacional. Al respecto, García Guadilla, Didou y Marquis (2002) plantean cuatro escenarios posibles para la región.

A. Países donde prevalece una posición política de rechazo al AGCS, sin mejorar las actuales condiciones internas de los sistemas nacionales de Educación Superior.

B. Países donde prevalece una posición política de rechazo al AGCS, pero mejorando las actuales condiciones de los sistemas nacionales de Educación Superior.

C. Países que establecen acuerdos con el AGCS, sin mejorar las actuales condiciones de los sistemas nacionales de Educación Superior.

D. Países que establecen acuerdos con el AGCS pero mejorando las actuales condiciones de los sistemas nacionales de Educación Superior.

Según los autores, los mejores escenarios serían B y D, es decir aquellos en los que independientemente del establecimiento de acuerdos con el AGSCS, se implementaron procesos de mejora en la Educación Superior. En cambio, con los escenarios A y C, en los cuales no se llevan adelante procesos de reforma de los sistemas, se crearían condiciones de mayor dependencia y baja calidad educativa. En este sentido, destacan el papel fundamental que tienen las agencias de aseguramiento de la calidad para generar condiciones de regulación de la educación transnacional y de control de la calidad de este tipo de oferta.

En general, los diversos procesos analizados han propiciado el auge de organismos de intermediación, tales como agencias de cooperación intra o interregional y agencias de evaluación y aseguramiento de la calidad (Didou, 2006). En América Latina, funcionan además las Cumbres de Jefe de Estado y las conferencias de Ministros y especialistas en Educación Superior. Se han impulsado iniciativas en Educación Superior en el marco del MERCOSUR (Argentina, Chile, Paraguay, Bolivia), de América del Norte (Canadá, Estados Unidos, México), del Mercado Común Centroamericano y del Pacto Andino. También se ha fortalecido la cooperación entre bloques, principalmente con la Unión Europea.

2.2. La integración regional en el marco de los procesos de internacionalización de la Educación Superior

Además de una regulación estrechamente vinculada a procesos evaluación de la calidad, otra vía para enfrentar estos desafíos, complementaria a la anterior, es la solución europea de integración regional de la Educación Superior que mediante diferentes mecanismos de integración llevan adelante acciones para fortalecer los sistemas nacionales.

Sin embargo, se presenta una serie de dificultades para la integración regional de la Educación Superior en América Latina, debido en gran medida a la gran diversidad de procedimientos existentes en la región para el reconocimiento y la convalidación y un sistema universitario latinoamericano con características que dificultan la movilidad: limitada o nula compatibilidad de los sistemas educativos nacionales; inflexibilidad curricular, escasa interdisciplinariedad, excesiva proliferación de títulos y extensa duración de las carreras de grado; marcos regulatorios restrictivos que acotan la autonomía universitaria dado que las regulaciones estatales intervienen en la validez nacional de los títulos e incluso en muchos casos, en los contenidos curriculares; limitaciones en los sistemas nacionales de aseguramiento de la calidad, aunque en los últimos años se han creado agencias nacionales de evaluación de la calidad universitaria; reserva de mercado para profesionales universitarios nacionales. A estas dificultades, se suman políticas que han profundizado el aislamiento (Del Bello y Mundet, 2004).

En la misma línea, Lemaitre y Atria (2005) plantean que la principal dificultad al momento de realizar cualquier esfuerzo de comparación entre los títulos extendidos en el continente no tiene tanto que ver con la utilización de criterios disímiles para la definición de los programas y niveles de formación en los distintos países, sino a la falta de criterios, el carácter provisorio de los marcos normativos y la complejidad y confusión de los mismos, que se traduce en la mayoría de los casos, en procesos burocráticos para la regulación del sistema, y en una falta de claridad y duplicidad en las funciones de los diversos organismos.

El intercambio de información sobre los sistemas universitarios nacionales y la eliminación de obstáculos migratorios a la movilidad serían un primer paso para facilitar la movilidad. Aunque la región está lejos de alcanzar un nivel de integración, medidas como las implementadas en el Proceso de Bolonia también serían de utilidad para facilitar la movilidad: planes de estudio flexibles, un sistema de créditos, complemento de diploma con información complementaria que se adjunte a un título universitario. Tanto Del Bello y Mundet como Lemaitre y Atria coinciden en que para fomentar la movilidad, el reconocimiento de títulos y los procesos de integración en general resulta relevante el papel de los mecanismos de acreditación de la calidad dado que permiten facilitar el reconocimiento automático pero sobre la base de una garantía de calidad.

La movilidad es un instrumento estratégico para generar mayores posibilidades de integración internacional concreta que, además, otorga beneficios para el desarrollo económico y social y el desarrollo del conocimiento. La regulación implica riesgos en la medida en que puede inhibir este potencial. En gran parte, la integración internacional fracasa porque los espacios y mecanismos de integración son pensados a través de lógicas nacionales cerradas y anacrónicas que presentan una gran incomprensión de estos nuevos fenómenos. Es necesario pensar mecanismos diferentes a los tradicionales para institucionalizar estos nuevos procesos pero adaptados a las necesidades del siglo XXI y no al contexto de los Estados del siglo XX. Se necesitan instrumentos innovadores que contribuyan a corregir los problemas y no a acentuarlos.

Respecto de la cooperación internacional en materia de Educación Superior, Zarur (2008) destaca la constitución del Espacio ALCUE (América Latina y el Caribe-Unión Europea), creado en noviembre del 2000 con la presencia de 48 Ministros de Educación que firmaron la Declaración de París con el objetivo de llegar a constituir el mayor espacio universitario del mundo: el Espacio Común de Enseñanza Superior ALCUE. Si bien hasta el presente, señala la autora, la inclusión de los objetivos de este Espacio en las políticas públicas no se han sentido en la mayoría de los países de la región, es evidente su característica estratégica para la construcción de políticas de cooperación entre los bloques. Otros espacios de trabajo cooperativo fueron el Proyecto Alfa Tuning América Latina y el Proyecto 6x4. Por otra parte, a nivel de bloques subregionales, se destacan el MERCOSUR y el Convenio Andrés Bello (CAB), en los cuales se han impulsado diversas acciones en materia de integración educativa como el MEXA a nivel de acreditación de carreras de grado –hoy continúa con el ARCU-SUR– y el MARCA como experiencia de movilidad a nivel del MERCOSUR Educativo.

Con respecto a la convalidación de grados y títulos en América Latina, la Declaración Final de la Segunda Reunión de Ministros de Educación del Espacio Común Unión Europea-América Latina y el Caribe, celebrada en la Ciudad de México los días 14 y 15 de abril de 2005, incluyó entre las estrategias de construcción de este espacio para 2015, propuestas concernientes a la definición de títulos conjuntos, al uso de las acreditaciones para agilizar los procesos de reconocimiento y a la capitalización de experiencias referidas a la definición concertada de créditos comunes. Asimismo, redes institucionales como la Red de Macrouniversidades de América Latina o la Asociación de Universidades del Grupo Montevideo diseñaron programas de intercambio estudiantil que contemplaban el reconocimiento de periodos de estudio cursados afuera. En general, el debate sobre la convalidación de créditos y de grados está vinculado a la movilidad estudiantil (Zarur, 2008).

Los mayores avances con respecto a la integración educativa en la región han ocurrido a nivel del grado universitario promovidos por los Estados como el Mecanismo Experimental de Acreditación (MEXA) y actualmente la Acreditación Regional de Carreras Universitarias para el

MERCOSUR (ARCU-SUR). Asimismo, hay también logros a través de las propias instituciones que ofrecen titulaciones en conjunto entre universidades de diferentes países, pero mayoritariamente involucran a instituciones de los países europeos y Estados Unidos.

3. Algunos aspectos del debate sobre las carreras de posgrado en Argentina y Brasil

Hay actualmente un debate sobre la evaluación y acreditación de posgrados académicos y profesionales en Argentina y Brasil. En ambos países, el problema se manifiesta principalmente a nivel de la evaluación y acreditación de la calidad y también a nivel de las políticas de financiamiento.

Esta discusión, alineada con lo que también está ocurriendo a nivel mundial, tiene que ver entre otros aspectos con la expansión de la oferta de posgrados y la demanda de posgrados por parte de los sectores de la producción.

En la Argentina, la reglamentación vigente está actualmente en proceso de reformulación. Uno de los aspectos más cuestionado ha sido la falta de consideración de las características diferenciales entre los posgrados académicos y profesionales para el establecimiento de distintos criterios de acreditación de la calidad. El énfasis ha estado puesto en los criterios académicos y esto termina perjudicando, por los resultados de la evaluación y la acreditación, a los posgrados profesionales.

En Brasil, la problemática es similar en algunos aspectos, tiene diferencias en otros, y los problemas se ven acentuados además por el hecho de que los resultados de la evaluación están asociados al financiamiento.

3.1. Las carreras de posgrado en la Argentina

A partir de la década de los noventa, se produce un incremento generalizado de la oferta de carreras de posgrado en la Argentina, acompañando las tendencias internacionales. Paralelamente, a partir de la aprobación de la Ley 24.521 de Educación Superior (LES), se instrumentan una serie de políticas de Educación Superior que permite regular las transformaciones y estimular el crecimiento del sector.

Se produce así una notable expansión del conjunto del sistema de posgrados que continúa hasta hoy, con un crecimiento promedio anual de 9,8% entre 1994 y 2007. Además, los procesos de evaluación y acreditación se van consolidando y acompañando la expansión del sistema de posgrado.

Se registra un crecimiento importante de la acreditación de carreras de posgrados entre los años 1994 y 2002 acompañando la expansión del sistema de posgrado. En el año 2002, el 50% de estas actividades estaban acreditadas. El sistema estatal presentaba un mayor grado de acreditación que el privado (55.6 y 40.5 % respectivamente). Por otra parte, durante el período 2002-2007 la acreditación ha adquirido mayor importancia, creciendo a un ritmo más acelerado (70%) que la oferta total de posgrados (36%). En el año 2007, el 64,3% de los posgrados está acreditado (Barsky y Dávila, 2004; Fernández, 2008).

Las tendencias en el crecimiento de la oferta de posgrados evidencian una concentración en el sector estatal que representa el 77,9% del total de carreras en el 2007. Los tipos de carrera que tuvieron mayor crecimiento fueron las especializaciones y maestrías, las primeras representan el 51% de la oferta en el 2007, las maestrías el 31,4% y los doctorados sólo el 13,5%.

Las políticas de evaluación de posgrado en la Argentina comienzan en la década de los noventa. Hay un primer antecedente que es la Comisión de Acreditación de Posgrados que constituye un paso previo para el trabajo que posteriormente desarrollará la CONEAU.

La Ley de Educación Superior (LES) establece la creación de la Comisión Nacional de Evaluación y Acreditación Universitaria (CONEAU), organismo a cargo de la evaluación y acreditación universitaria, y las pautas para los procesos de evaluación y acreditación. El artículo 46 de la LES define a la CONEAU como un organismo descentralizado creado con el objetivo de atender la evaluación y acreditación universitaria que funciona en la jurisdicción del Ministerio de Educación.

La Comisión Nacional de Evaluación y Acreditación Universitaria está integrada por doce miembros, designados por el Poder Ejecutivo nacional a propuesta de los siguientes organismos: tres por el Consejo Interuniversitario Nacional, uno por el Consejo de Rectores de Universidades Privadas, uno por la Academia Nacional de Educación, tres por cada una de las Cámaras del Congreso de la Nación, y uno por el Ministerio de Cultura y Educación. Los miembros duran en sus funciones cuatro años, con sistema de renovación parcial y además debe tratarse de personalidades de reconocida jerarquía académica y científica.

El procedimiento de evaluación consiste en autoevaluaciones que realiza la institución o el programa evaluado, que luego se complementan con evaluaciones externas, realizadas por pares académicos. La CONEAU coordina y lleva adelante estos procedimientos. Y luego los miembros emiten una resolución sobre la base de los informes de autoevaluación y de evaluación externa, que van acompañadas de recomendaciones para el mejoramiento institucional.

La CONEAU está a cargo de la evaluación de todo el sistema universitario: instituciones, carreras de grado y de posgrado. La acreditación es obligatoria para las carreras de posgrado cualquiera sea el ámbito en que se desarrollen. Las carreras que no obtienen la acreditación no cuentan con reconocimiento oficial y, por lo tanto, los títulos que ofrecen no tienen validez nacional.

El Ministerio de Educación de acuerdo con lo estipulado en la LES aprobó, en consulta y de acuerdo con el Consejo de Universidades, la Resolución N° 1168/97. Esta constituye el marco normativo de la evaluación y acreditación de posgrados y establece los estándares y criterios mínimos para la misma. Estos estándares, establece la resolución, son transversales a las disciplinas, es decir, comunes para todas y en su aplicación deben respetarse los principios de autonomía y libertad de enseñanza y aprendizaje.

Luego de diez años de la creación de la CONEAU, la Evaluación Externa coordinada por la IESALC en el 2007 (Barsky y Dávila, 2009) consideró que "la CONEAU ha logrado insertar la cultura de la evaluación en las universidades e insertarse ella misma como un factor clave para el sostenimiento de esa cultura. Las evaluaciones de la CONEAU se ejecutan con independencia de criterio y de juicio, descansan en una adecuada metodología, están apoyadas en recursos humanos y tecnológicos adecuados, cuentan con guías, criterios y marcos de referencia apropiados para las diversas áreas, niveles y grados de acreditación y evaluación que realiza, y vienen acompañadas con actividades sólidas de capacitación, reclutamiento y seguimiento".

Entre los aspectos negativos, plantea que "predomina una sola visión –universitaria y excesivamente academicista– acerca de la Educación Superior y, en particular del posgrado, que va en contra de la diversificación, flexibilidad y plasticidad de las carreras, la formación profesional, los posgrados, la docencia y el aprendizaje".

A conclusiones similares arriba el taller de expertos convocado por la CONEAU ese mismo año para discutir la evaluación de posgrados. Algunas debilidades planteadas fueron las siguientes:

- Una normativa insuficiente para el establecimiento de estándares que consideren la heterogeneidad existente en los posgrados del sistema, en particular, en las carreras interinstitucionales, los posgrados profesionales y las propuestas a distancia.
- Los tiempos de resolución no satisfacen la demanda del sistema.
- Los procedimientos similares que se aplican para la evaluación de posgrados académicos y profesionales.
- Un equipo técnico y un presupuesto insuficientes.
- Inconvenientes en la composición de los comités de pares evaluadores, cierta endogamia en el sistema dado que evalúan quienes forman parte de él, y ausencia de formación específica en evaluación.
- Escasa relación de los procesos locales con normativa u orientaciones supranacionales e internacionales.
- Un formulario electrónico tedioso y reiterativo.

Aunque muchas dificultades relativas a la acreditación no están asociadas directamente a la reglamentación sino a la interpretación que hacen los pares evaluadores sobre esa reglamentación, cabe mencionar que actualmente el Ministerio de Educación propuso la discusión y reformulación de la Resolución 1168/97 que es, como ya se mencionó, la reglamentación que regula la acreditación de los posgrados. En los últimos meses, se ha desarrollado una discusión que involucró a diferentes actores del sistema de Educación Superior, existiendo en general acuerdo sobre la necesidad de mejorar algunos aspectos que, en estos años de aplicación, plantearon varios problemas para la acreditación de los posgrados.

Entre los varios aspectos en los cuales estarían encaminados los cambios se destacan los siguientes.La reglamentación vigente reconoce y define tres tipos de carreras de posgrado: Especializaciones, Maestrías y Doctorados. La Especialización es un título profesional que tiene como objeto ampliar la capacitación profesional. En cambio, las Maestrías y Doctorados son títulos académicos de acuerdo con lo que establece la Resolución 1168. La Maestría tiene por objeto proporcionar una formación superior para la investigación y el estado del conocimiento correspondiente a una disciplina o área interdisciplinaria, mientras que el Doctorado busca la obtención de verdaderos aportes originales en un área de conocimiento, cuya universalidad debe procurar, en un marco de un nivel de excelencia.

Uno de los principales motivos de debate durante estos años de vigencia de la Resolución 1168 ha sido la falta de diferenciación de criterios para acreditar a los posgrados académicos y a los posgrados profesionales, problemática que ha tenido repercusiones en el proceso de acreditación y ha provocado confusiones y dificultades para los posgrados profesionales, tanto para Especializaciones como para Maestrías Profesionales, que, por otra parte, han sido los de mayor crecimiento en la oferta en respuesta a una mayor demanda motivada por el impulso que genera el crecimiento de la economía.

Este problema se debe a que la reglamentación se basa en un concepto de calidad asociada a la investigación y a un tipo de investigación en particular que es la que está vinculada a la publicación en revistas *con referato* y al Doctorado como título de mayor jerarquía. Predominan así las visiones que están dominadas por el paradigma de las Ciencias Exactas y Naturales, y que terminan aplicándose de manera generalizada e indiferenciada a todas las disciplinas y a todos los tipos de carreras de posgrado.

Esta generalización que no es un problema exclusivo de Argentina genera problemas en áreas disciplinarias como las Ingenierías y la Medicina, entre otras, en las cuales la producción de conocimiento tiene mayor aplicación a nivel nacional, regional y local y en las cuales no siempre la investigación culmina en una publicación internacional *con referato*. En algunas de estas áreas, además, el título de mayor jerarquía ha sido tradicionalmente la Especialización. En estos casos, es también de mayor relevancia la experiencia profesional del cuerpo de profesores en términos de la calidad del posgrado que la trayectoria académica, aspecto al cual la reglamentación vigente le otorga mayor importancia indistintamente del tipo de posgrado y del área disciplinaria.

La reforma estaría encaminada a dar solución a esta problemática y estaría orientada por una conceptualización más amplia de la calidad con la creación de la figura de la Maestría Profesional y el planteo de criterios diferenciales para la acreditación de posgrados académicos y profesionales, dado que estos últimos no estarían obligados a realizar actividades de investigación. Con respecto al perfil del cuerpo académico también se plantean cambios. La Resolución 1168/97 otorga relevancia al título de posgrado y solo excepcionalmente a la trayectoria laboral. La actual propuesta plantearía considerar esta experiencia tanto a nivel profesional como en docencia e investigación, y no como una excepción.

Con respecto a las políticas de financiamiento, en particular las políticas de becas para posgrado otorgadas por el Consejo Nacional de Investigaciones Científicas y Técnicas (CONICET) se orientan exclusivamente a posgrados académicos: son becas doctorales y posdoctorales de dedicación exclusiva. No hay becas para la gran mayoría de los posgrados que son maestrías y especializaciones. Asimismo, son bajos los resultados de egreso, y en particular los alumnos que logran concluir sus tesis de maestría.

Son bajos los límites de edad exigidos a los postulantes (30, 32 o 34 años). Esto orienta el financiamiento hacia una población sin o con escasa experiencia laboral.

En el caso de las becas a realizarse en el país, los programas de posgrado deben estar acreditados por la CONEAU, lo que muestra en este caso una sintonía entre las políticas de evaluación y de financiamiento.

Sin embargo, la promoción de doctorados con las políticas de financiamiento y también con las políticas de evaluación se contradice con una legislación que promueve maestrías con altas cargas horarias y altas exigencias en cuanto a la aprobación de los cursos y las tesis. Por otra parte, como a nivel de doctorados se estimula la demanda y no la oferta, aumenta la demanda de doctorados pero aún no está consolidada en todas las áreas disciplinarias una oferta de calidad que pueda atenderla. Esto es un problema en tradiciones disciplinarias que han incorporado el doctorado recientemente, en las cuales se observa un esfuerzo y dificultades por implementar propuestas de buena calidad diferentes a la maestría.

Se benefician de los recursos para becas las áreas disciplinarias en las cuales el doctorado ya tiene tradición como las Ciencias Básicas y las Humanidades, mientras que se perjudican las Ciencias Sociales y las Tecnológicas que constituyeron sus tradiciones sobre otros tipos de carreras diferentes (Busto Tarelli, 2007).

Por otro lado, las políticas de financiamiento están orientadas al desarrollo de doctorados con perfil académico. Sin embargo, el mayor crecimiento de la oferta y la demanda se presenta en maestrías y especializaciones, carreras para las cuales no hay financiamiento. Esto evidencia la necesidad de rever los objetivos y las medidas para atenderlos.

3.2. Las carreras de posgrado en Brasil

Simon Schwartzman (2010) plantea que el alto número de doctores que se forman anualmente en Brasil –cerca de 10.000– y la creciente cantidad de publicaciones tienen entre sus principales factores explicativos: a) la adopción del modelo norteamericano de cursos de posgraduación estructurados a partir de la reforma del 1968, b) las exigencias legales de titulación para la contratación y para el reconocimiento y la autorización de carreras y universidades, c) la inversión en becas en Brasil y en el exterior, d) el sistema de evaluación de la calidad instituido por la *Coordenação de aperfeiçoamento de pessoal de nivel superior* (CAPES), organismo que se ocupa la evaluación de maestrías y doctorados, los posgrados académicos o *strictu sensu*.[6]

CAPES inicia su actividad en 1951 junto al Conselho Nacional de Pesquisa (CNPq). A lo largo de su historia, ambas instituciones van modificando sus funciones y competencias vinculadas al financiamiento, la promoción de la formación de recursos humanos en ciencia y tecnología, la evaluación. Actualmente, CAPES es la agencia que evalúa y orienta el financiamiento de todo el sistema de posgrados brasilero, aunque su actividad se limita exclusivamente a la evaluación del posgrado académico-científico o *stricto sensu*. Por fuera de ese esquema se desarrolló una oferta de posgrado profesionalista *lato sensu*, externa al sistema CAPES, que se constituyen progresivamente en el ámbito de formación profesional para profesionales de la salud, el derecho, la seguridad y las ciencias económicas. Si bien

---

[6] Los posgrados profesionales se denominan *latu sensu*.

existe una regulación establecida que exige mínimos de calidad para la creación de este tipo de cursos así como previsiones de instancias de evaluación por órganos de control, la falta de efectos regulatorios ha generado una expansión de difícil relevamiento. CAPES ha intentado recientemente responder al desafío del posgrado profesional asumiendo como una política activa el desarrollo de la Maestría Profesional, pero tuvo una mínima repercusión en el sistema (Fliguer, 2010).

Schwartzman (2010) considera que los mecanismos de evaluación instituidos desde hace varias décadas atrás han sido modificados en muchos detalles. Sin embargo, esta modificación no ha alcanzado a sus aspectos conceptuales y hoy, señala este autor, están surgiendo problemas que requieren discutir el sistema con mayor profundidad. Este autor coincide con las críticas de Spagnolo que en 1998 era coordinador de la CAPES.

En esta línea, Simon Schwartzman considera la creación de las maestrías académicas como una anomalía dado que en todo el mundo las maestrías fueron concebidas como cursos de corta duración –entre uno y dos años– que buscan dar una formación adicional para preparar mejor a los estudiantes para el mercado de trabajo. En Brasil, estas carreras fueron creadas como "mini-doctorados"[7] por universidades que no contaban con una masa crítica suficiente para implementar programas de doctorados. Como "mini-doctorados", las maestrías exigían trabajos de investigación y elaboración de tesis que prolongaban demasiado los estudios, tenían poca relación con la formación profesional y se convirtieron en preparación previa y requisito necesario para los doctorados. El reconocimiento

---

[7]   Spagnolo (1998) plantea el mismo diagnóstico refiriéndose a las maestrías como "pequeños doctorados".

de este problema llevó a la creación de las maestrías profesionales, que igualmente no lograron establecerse en volumen suficiente, dado que el mayor crecimiento de carreras y egresados se dio a nivel de maestrías académicas. Este tipo de carrera se esperaba que desapareciera y en su lugar se desarrollaran doctorados con orientación académica y maestrías con orientación profesional. Sin embargo, las maestrías académicas tuvieron 33.000 egresados en 2008 y continúan creciendo, mientras que las maestrías profesionales apenas llegan a formar 3.000.

Por otra parte, el aumento de doctores llevó a un aumento de publicaciones científicas en revistas internacionales porque se exige que las tesis produzcan trabajos que se publiquen en este tipo de revistas. Un indicador que se suele considerar para evaluar la calidad de las publicaciones es el número de veces que el artículo es citado. Tomando ambos indicadores en comparación con países de producción científica equivalente en cantidad como China, Rusia y Turquía, la producción brasilera de publicaciones es más baja en cantidad y calidad. Asimismo, el número de citas viene decayendo a una tasa mayor en Brasil en comparación con Italia y Corea (Schwartzman, 2010).

El número de patentes brasileras registradas anualmente es aproximadamente 4.000, una cantidad baja en comparación con China (122 mil), Estados Unidos (240 mil), Rusia (27 mil), Alemania (48 mil), Japón (333 mil) (Schwartzman, 2010). Para tener valor comercial una patente debe ser registrada en los principales mercados del mundo. En todo el mundo las patentes son registradas por empresas, dado su alto costo, y en muchos casos en asociación con investigadores o instituciones académicas. Para el autor, estos datos no significan que la investigación en las universidades brasileras no tenga una orientación académica, sino que es bajo el nivel de innovación del sector empresarial brasilero y que los vínculos entre el sector productivo innovador y los programas de posgraduación universitarios son débiles.

El análisis del mercado de trabajo de posgraduados universitarios muestra que la mayoría son empleados por instituciones de enseñanza y por el sector público, particularmente el sector de enseñanza público. Considerando a los doctores con empleo formal egresados entre 1996 y 2006, un estudio citado por el autor muestra que 4/5 trabajan en instituciones de enseñanza y de la administración pública, mientras que apenas un 1,25% trabaja en la industria. Otra investigación a la que recurre el autor muestra resultados similares para los doctores, y con respecto a los magister observa diferencias sustanciales entre las áreas del conocimiento. En las áreas básicas, se dedican mayoritariamente a la academia (docencia en universidades e investigación en institutos de investigación), mientras que en otras como las áreas tecnológicas se distribuyen proporcionalmente entre la academia, el sector público y las empresas públicas y privadas. Una encuesta realizada a estudiantes de maestría permite constatar que una parte pretende continuar más adelante con un doctorado y seguir la carrera académica, mientras que otros buscan la profesionalización. Estos resultados contribuyen a justificar, para el autor, la prescindencia de la maestría académica que para los primeros alarga innecesariamente los estudios y para el segundo grupo el énfasis académico no parece ser de mucho valor comparado con otras habilidades de tipo más profesional que el mercado requiere. Muchos cursos de maestría *strictu sensu* terminan siendo cursos de perfeccionamiento y calificación profesional, lo que determina que el alumno no termine la tesis o lo haga para cumplir un requisito burocrático (Schwartzman, 2010).

Por último, el financiamiento de los posgrados en Brasil se da a través de dos grandes vías. Por un lado, los salarios de los docentes de las universidades públicas mayoritariamente tienen dedicación exclusiva. Por otro lado, se ofrecen becas para estudiantes de maestrías y doctorados. Según datos del Ministerio de Ciencia y Tecnología para 2008, se otorgaron a través de la CAPES y el Consejo Nacional de Desarrollo Científico y Tecnológico (CNPq) 33.525 becas de maestría y 24.270 de doctorado, lo que equivale a una beca cada tres estudiantes de maestría y una cada dos alumnos de doctorado. Además, es necesario considerar que en las universidades públicas los cursos son gratuitos. Schwartzman plantea que la mayoría de los alumnos tienen más de 33 años y muchos solo buscan un perfeccionamiento para su trabajo profesional. Asimismo, cuentan con un ingreso elevado con respecto a otros sectores sociales. Estos aspectos dificulta la justificación de un subsidio generalizado. El autor propone cobrar los costos del posgrado como regla general, y plantea una combinación de un sistema de créditos y becas para programas de calidad excepcionalmente, así como también para los alumnos de familias de bajos ingresos que necesiten financiamiento.

Este sistema promovido por el sistema de evaluación llevado adelante por la CAPES excluye al sistema de posgrado *latu sensu* que es tan o más grande que el sistema *strictu sensu* y que no tiene ningún tipo de evaluación de la calidad ni de información sistematizada de su existencia. Es también cada vez más frecuente la existencia de posgrados en conjunto entre universidades brasileras y universidades extranjeras que están por fuera del sistema de evaluación de la CAPES. Esto se debe a que las universidades son autónomas para crear y emitir títulos de posgrado, aunque en la práctica dependan de la evaluación de CAPES para recibir becas. Por otra parte, los Estados también son autónomos para definir sus propias reglas y mecanismos de apoyo a las instituciones y programas de Educación Superior.

Spagnolo en 1998 consideraba necesario flexibilizar la evaluación de la CAPES. Una década después los problemas continúan. En la misma línea que Spagnolo, Schwartzman (2010) plantea que ningún país del mundo tiene un sistema tan centralizado como el brasilero con la CAPES, y que sería positivo generar un sistema de posgrado más descentralizado y con mayor autonomía respecto a los organismos centrales del gobierno como la CAPES. Asimismo, propone financiar exclusivamente aquellos programas académicos que tengan una calidad de nivel internacional a través de un estricto sistema de evaluación por pares. A nivel de posgrados profesionales, se debería estimular la asociación con los sectores productivos públicos y privados e incluir a representantes de los sectores no académicos en los procesos de evaluación. El autor propone también involucrar a los ministerios sectoriales –salud, medio ambiente, desarrollo social, transporte, etc.– en el financiamiento de la investigación y los estudios de posgrado en sus áreas de interés.

La conclusión de Schwartzman (2010) sobre el posgrado en Brasil es que ha dado prioridad al desempeño académico a través de un conjunto de instrumentos de regulación legal, incentivos y mecanismos de evaluación, que acabó creando un sistema cuya principal función es autoalimentarse y que, salvo excepciones, no consigue producir una ciencia de nivel internacional, ni genera tecnología para el sector productivo, ni consigue dar la debida prioridad a los que buscan formación avanzada para el mercado de trabajo, ni para la academia.

En conclusión, el debate en ambos países se centra en la necesidad de, por un lado, conceptualizar las diferencias entre posgrados académicos y profesionales y, por el otro, establecer criterios diferenciales para su evaluación. La reglamentación vigente en Argentina en relación con la evaluación y acreditación de posgrados es más avanzada en la medida que la CONEAU acredita Especializaciones y todo tipo de Maestrías. Brasil que desde hace varias décadas acredita sus posgrados a través de la CAPES, recién está comenzando a incluir Maestrías Profesionales, pero aún no tiene un sistema de evaluación de la calidad para la gran mayoría de los posgrados profesionales.

CONCLUSIONES

Las transformaciones que están ocurriendo mundialmente en los sistemas nacionales de Educación Superior, particularmente en las últimas dos décadas, tienen entre sus aspectos centrales un notable crecimiento del nivel de posgrado. No solo se expande la oferta de este tipo de carreras, motivada en gran medida por una creciente demanda de esta modalidad de formación, sino que además esto ocurre a través de determinadas dinámicas, comunes a los diferentes países. Pueden mencionarse entre estas dinámicas: la formación de recursos humanos altamente calificados para la investigación y para el mundo productivo, la vinculación creciente del posgrado con la investigación y las prácticas profesionales que implican tecnologías de punta, el desarrollo de procesos de evaluación y acreditación de la calidad y la articulación con los procesos de internacionalización de la Educación Superior.

En estos cambios, influyen varios factores como las tradiciones educativas nacionales, las políticas públicas que implementan los gobiernos o la globalización en sus diferentes dimensiones. Por ello, el fenómeno refleja algunos aspectos comunes a los diferentes países y también modalidades diferentes.

La globalización trae aparejadas tanto oportunidades como dificultades. Mientras que a nivel de mercados ofrece a los países en desarrollo oportunidades de mejor integración en la economía mundial tanto en el acceso a las nuevas tecnologías como en el ámbito comercial, existen asimetrías por diversos factores como las prácticas proteccionistas vigentes en los países desarrollados, la sobreoferta y los subsidios a las materias primas perjudican, en especial, a los países en desarrollo, la volatilidad finan-ciera, la gran concentración económica y las múltiples tensiones distributivas provocadas por el proceso. La glo-balización manifiesta un carácter asimétrico en cuanto a la distribución de beneficios y riesgos entre los países y al interior de los mismos, generando una mayor dife-renciación al interior de las sociedades, articulando a los segmentos dinámicos de diferentes países, al tiempo que desconecta y margina a otros. Las elevadas exigencias de educación y conocimiento que imponen las tecnologías y los mercados globales amenazan con marginar a quienes no estén plenamente preparados y, de concentrarse aún más en unos pocos países, grupos sociales y empresas, la disponibilidad de dichas tecnologías y el desarrollo de nuevos conocimientos. Muchos de los problemas mencio-nados son un reflejo del carácter incompleto y asimétrico de las políticas desarrolladas.

En este contexto, resulta fundamental el papel de la Educación Superior y del posgrado en la formación de pro-fesionales y académicos, en la producción de conocimiento de punta, y en su contribución al desarrollo económico y social de cada país, además de la generación de oportuni-dades para lograr una inserción internacional que incluya al conjunto de la sociedad. Las estrategias desarrolladas muestran diferencias en términos de su capacidad de con-tribución a la superación de los problemas sociales, en la medida en que hubo países que llevaron adelante reformas más inclusivas en cuanto a la incorporación de diferentes sectores socioeconómicos con propuestas educativas de calidad.

Por otra parte, el proceso de globalización trasciende el marco exclusivo del Estado-nación y al mismo tiempo habita parcialmente los territorios y las instituciones na-cionales. Por eso, este fenómeno implica interdependencia entre países y formación de instituciones globales, así como también interacciones entre lo local y lo global que implican una participación necesaria de los Estados en la formación de los sistemas globales. Existen tensiones entre los espacios nacionales, regionales e internacionales que se expresan en la dinámica de los procesos que están desarrollándose en la Educación Superior, en particular, en lo que respecta a los fenómenos de internacionalización como la educación transnacional –que ocurre con mayor profundidad en el nivel de posgrado–, su regulación y la competencia sobre la acreditación de la calidad de este tipo de oferta.

Hay algunos modelos educativos que se difunden a través de los procesos de internacionalización de la educación, muchas veces en conflicto con las culturas y tradiciones nacionales. Actualmente, es el modelo estadounidense el que más incide en la nueva configuración mundial que van adquiriendo los sistemas de Educación Superior. El Proceso de Bolonia refleja esta influencia. La integración educativa europea y la conformación del Espacio de Educación Superior Europeo se explican en este nuevo contexto internacional. En este caso, la principal dificultad radica en la capacidad de articular las diferentes realidades educativas nacionales y sus diversas tradiciones para conformar un sistema integrado. A pesar de las dificultades, la resistencia y los conflictos que generó este proceso, existió una convergencia de puntos de vista entre los países europeos, y la integración permitió coordinar y llevar adelante una agenda de cambios que probablemente se hubieran realizado igual por la creciente competencia de la educación transnacional motivada mayormente por universidades estadounidenses.

Los sistemas educativos de los países latinoamericanos configurados a través de la influencia de las tradiciones europeas presentan una problemática común a estos países. La influencia creciente de la educación transnacional, la competencia de universidades extranjeras –tanto extra-regionales como de países de la propia región–, el ejemplo exitoso de la integración europea han motivado el debate, pero la integración de la Educación Superior en América Latina no parece una prioridad en la agenda política de ninguno de los países de la región. Las soluciones se retrasan, y un proceso como el de Bolonia parece estar lejos de efectuarse. Por el contrario, las acciones desarrolladas a nivel nacional plantean tensiones con posibles objetivos a favor de la integración educativa regional.

Varios autores consideran que la región es vulnerable ante los procesos que se están desarrollando a nivel mundial, y proponen fortalecer los sistemas nacionales a través de dos tipos de mecanismos: por un lado, generar procesos de integración de la Educación Superior en la región como el desarrollado en los países europeos y, por el otro, avanzar y consolidar los sistemas nacionales de evaluación y acreditación de la calidad que acompañen estos procesos de integración.

Con respecto a los mecanismos de integración educativa a nivel regional, no se evidencian mayores avances en materia de compromisos entre Estados y políticas de integración. Si bien hay algunas experiencias no muy avanzadas a nivel de grado universitario, estos procesos no avanzan en el nivel de posgrado. A nivel de instituciones, hay algunos progresos en este sentido y se ofrecen algunas titulaciones en conjunto entre universidades de diferentes países, pero que mayoritariamente involucran a instituciones de los países europeos y Estados Unidos.

A diferencia del Proceso de Bolonia llevado adelante activamente por voluntad de los Estados europeos, y en el cual el objetivo de integración tuvo y tiene prioridad, en América Latina no hay definiciones concretas hacia un espacio de integración regional. Los discursos favorables a la integración resultan contradictorios con la inacción respecto a llevar adelante y profundizar procesos de integración de la Educación Superior. Por otra parte, resulta difícil considerar la hipótesis de que se está otorgando prioridad al desarrollo nacional sobre la integración regional. Asimismo, estos objetivos no necesariamente tienen que resultar contradictorios. Sin duda, uno de los principales desafíos que se presenta a la región con respecto a las políticas educativas es lograr conciliar los procesos de integración regional de la Educación Superior con las necesidades de desarrollo nacional.

También abundan las contradicciones entre objetivos para el desarrollo de la Educación Superior a nivel nacional cuando se implementan medidas que tienden a la promoción de carreras de posgrado mientras se mantiene una formación de grado de larga duración, o la promoción de doctorados con maestrías que también tienen altas cargas horarias, así como también contradicciones entre los objetivos de las políticas de evaluación y los objetivos de las políticas financiamiento. Estos problemas se presentan en un contexto regional en el que existen desde hace décadas problemas calidad y equidad en la educación que aún no se han solucionado y ante un escenario internacional cada vez más competitivo.

El panorama de reformas en la educación latinoamericana muestra un cambio en el patrón de crecimiento entre diferentes períodos y también variaciones entre los países en cuanto a las estrategias institucionales desarrolladas para dar respuesta al crecimiento de la demanda. Es a partir de la década de los noventa que comienza la mayor expansión de la oferta de carreras de posgrado, y en esa década es básicamente a través del desarrollo del sector privado, dado que disminuye el financiamiento estatal para la Educación Superior. Aunque también es posible reconocer diferencias entre países dado que en algunos también se crearon universidades estatales, hubo países que impulsaron el desarrollo de institutos tecnológicos superiores no universitario, además de las universidades. Esta expansión ocurre acompañada por la creación de mecanismos de regulación por parte del Estado, entre los cuales los de mayor difusión fueron las leyes o reglamentaciones sobre la validez de los títulos, la creación de sistemas de evaluación y acreditación de la calidad, y el desarrollo de políticas de financiamiento en algunos casos vinculadas a la evaluación de la calidad. A partir del nuevo siglo, se observa un cambio de estrategia de crecimiento. Al desarrollo del sector privado, se suma el crecimiento del sector estatal motivado por un aumento de la inversión del Estado en la Universidad, en algunos casos con creación de nuevas instituciones.

La actual dinámica de los posgrados en América Latina expresa tensiones entre diferentes visiones sobre el posgrado, criterios para evaluar su calidad y conflictos con respecto a la orientación que deben tener las medidas que se implementen. Esta dinámica expresa diferentes procesos y contradicciones: el conflicto nunca resuelto entre la tradición humboldtiana y la tradición napoleónica que se refleja en la supuesta contradicción de formar profesionales o científicos, un modelo hegemónico de calidad dominado por la visión de las Ciencias Exactas y Naturales, los mecanismos de reproducción de la comunidad académica y hoy se suma la expansión del modelo de Educación Superior estadounidense que estuvo inspirado en la tradición anglosajona y humboldtiana, aunque se desarrolló con varias diferencias respecto con América Latina.

La Universidad latinoamericana manifiesta a lo largo de su historia un conflicto entre la tradición humboldtiana y la tradición napoleónica que nunca se logró resolver y que se manifestó y sigue haciéndolo en el debate y la falta de acuerdo con respecto al objetivo que debe tener la formación universitaria: formar científicos o formar profesionales. Este debate se mantiene a pesar de que conceptualmente se va transformando a lo largo de la historia la idea de formación científica y de formación profesional acompañando a los cambios que ocurren en el mundo productivo, tecnológico, laboral y social. El dilema hoy se expresa con mayor repercusión en la formación de posgrados. La discusión sobre políticas de posgrado está atravesada por la orientación que debe tener la carrera: formación para la investigación o formación profesional.

En muchos casos, resulta difícil establecer diferencias rígidas entre carreras de orientación profesional y carreras de orientación académica. Esto pasa, en particular, aunque no exclusivamente, en las áreas vinculadas a las ciencias aplicadas, ingenierías, y demás carreras tecnológicas, dado que una orientación profesional muchas veces requiere incluir procesos de investigación en los currículos, así como también aquellos posgrados orientados a la formación para la investigación académica exigen muchas veces la inclusión de contenidos y prácticas que trascienden el ámbito universitario y que tienen que ver con la experiencia profesional. Estas disciplinas son las que responden en mayor medida al nuevo modo de producción de conocimiento propuesto por Gibbons que exige una mirada transdisciplinar, desarrollado mayormente en los contextos de aplicación, con un control de calidad por parte del conjunto de la sociedad y no solo de pares académicos. En estos casos, los conceptos de académico y profesional serían más complementarios que contradictorios, partes de un continuo asociado a las formas de producción del conocimiento en las áreas disciplinarias tecnológicas.

Sin embargo, las políticas de posgrado –reflejando la idea dominante en la comunidad académica– mantienen la supuesta contradicción entre formar profesionales o investigadores, se orientan, o pretenden hacerlo, con un modelo de calidad basado en la formación científica y establecen falsas murallas entre la formación académica y la formación profesional.

Cabe tener en cuenta que la formación de posgrados es más amplia y abarca una gran variedad de cursos. Las carreras, de las que trata este trabajo, son una parte de este universo. Pero en lo que respecta al desarrollo del conocimiento, los cursos posgrado aplicados a temas puntuales tienen considerable importancia.

Este problema tiene que ver, en gran medida, con la hegemonía de las Ciencias Duras en la Universidad, problema que no es exclusivo de América Latina. Desde hace décadas se ha impuesto en la academia la visión de la realidad, de la producción de conocimiento, de los procesos de enseñanza y de los criterios de calidad de las Ciencias Exactas y Naturales, y esta mirada entra en contradicción con los paradigmas de las demás disciplinas. El conflicto se profundiza dado que esta mirada domina los mecanismos de evaluación y financiamiento, y las agencias de evaluación de la calidad y los organismos científicos de asignación de recursos para investigación se sustentan en este modelo único de calidad que tiene como eje la formación doctoral, la publicación de *papers* en revistas internacionales con *referato*, la investigación recluida al ámbito del laboratorio o la idea de profesor *full-time*. Estos criterios de calidad entran en contradicción con las formas de valorar la calidad en otras disciplinas como las Ciencias Sociales o las de orientación tecnológica, en las cuales el ámbito de investigación es más amplio que el recinto de un laboratorio, las tradiciones de formación de posgrado tienen a la Maestría o la Especialización, y no al doctorado, como carrera máxima –como pasa en Derecho, Medicina, Ingeniería, Arquitectura, entre otras– y los productos de la investigación suelen ser más variados que la simple publicación de un *paper* en una revista internacional indexada, como patentes y otras formas de aplicación del conocimiento. En estos casos, además, es tan valiosa la trayectoria en investigación como la experiencia profesional de los docentes, de ahí que muchas veces no sea tan conveniente que tengan cargos *full-time* o sean evaluados por la cantidad de artículos con *referato*.

Este modelo académico guiado por el paradigma de las Ciencias Duras es dominante en el posgrado, guía los procesos de enseñanza, de investigación, de evaluación y acreditación de la calidad y de asignación de recursos. Sin embargo, la realidad muestra otras tendencias que entran en contradicción con el modelo hegemónico y, en muchos casos, con los mecanismos de reproducción de la comunidad académica que se han adecuado a este patrón dominante. Las carreras de posgrado suelen tener altas cargas horarias avaladas reglamentariamente, y planes de estudio que no necesariamente están justificados por objetivos pedagógicos, sino que parecen hechos a medida para cubrir la demanda laboral de los docentes *full-time* de las universidades. Incluso en los debates de reforma de los reglamentos suele haber un acuerdo generalizado para no disminuir estas cargas horarias.

Los criterios de evaluación del perfil de los docentes están basados en la idea de calidad asociada a una trayectoria de investigación, bajo la cual la experiencia docente se reconoce muy poco, y una reconocida trayectoria profesional en un ámbito diferente al universitario tampoco tiene el mismo valor que los años dedicados a la publicación de artículos en revistas internacionales. La asignación de recursos sigue un patrón similar, contribuyendo a reproducir este modelo hegemónico de calidad. De manera tal que el fortalecimiento de la burocracia estatal parecería estar articulado con el poder académico.

Incluso los *rankings* universitarios, hoy de moda en el mundo y crecientemente en América Latina, supuestamente mecanismos de mercado, suelen seguir criterios similares para evaluar la calidad de las instituciones universitarias.

En este sentido, los casos de Argentina y Brasil son ejemplares. En ambos países, la orientación de posgrado para el trabajo académico termina considerándose equivalente a la formación para el trabajo profesional, y los criterios asociados a la calidad del posgrado académico se transforman en el modelo de calidad a seguir también para los posgrados profesionales. Esto lleva a plantear problemas en la educación de posgrado para el sector productivo dado que no se estimula, e incluso se desmotiva, la formulación de propuestas de buena calidad para la formación profesional.

En el caso argentino, el problema afecta la evaluación y acreditación de la calidad y también la validación de los títulos y las políticas de financiamiento dirigidas exclusivamente a doctorados. En el caso brasilero, por su parte, el problema es más grave dado que la mayoría de los posgrados profesionales no son evaluados. Por otro lado, están surgiendo cuestionamientos a las políticas de financiamiento, en particular las becas para maestrías académicas y doctorados, por la alta inequidad que tiene Brasil en la distribución de los recursos para educación entre grupos sociales.

A pesar de que Brasil es el país líder a nivel regional en la formación de cuadros científicos y en la producción de conocimiento, su sistema de evaluación de la calidad no tiene en cuenta a la gran mayoría de los posgrados que son profesionales, aspecto en que Argentina está más avanzada porque lo ha logrado solucionar, dado que desde su origen la CONEAU acredita especializaciones y todo tipo de maestrías. Sin embargo, y más allá de que Argentina va encaminada a modificar su reglamentación, las tensiones siguen manifestándose en los procesos de evaluación y acreditación en los cuales los pares y los miembros de la

CONEAU aplican los patrones dominantes en el medio académico.

En ambos países, hay cada vez más coincidencia con respecto a la necesidad de readecuar las políticas de manera que reconozcan las diferencias entre ambos tipos de posgrados, buscando configurar un sistema de posgrado que dé una respuesta más amplia a las demandas del conjunto de la sociedad.

Esta experiencia tiene importancia para otros países de la región que aún no han construido o están en plena construcción de agencias de evaluación y acreditación de la calidad o de sistemas de asignación de recursos para la investigación. Deberían tener en cuenta el amplio rol que tienen los posgrados en los procesos productivos, en los procesos de desarrollo económico y social, y también en la formación de investigadores y docentes.

Los procesos de evaluación de calidad evidencian que en América Latina hay varios sistemas nacionales que además son heterogéneos, que aparentemente siguen las tendencias internacionales pero que están atravesadas por diversas tensiones que tienen que ver con las tradiciones educativas que se han arraigado y desarrollado en cada país. Por otro lado, también se observan respuestas puntuales a la formación de calidad para el desarrollo productivo, social y académico en las diversas áreas disciplinarias.

El modelo hegemónico que tradicionalmente ha orientado el posgrado hoy está parcialmente en crisis porque no abarca la totalidad de carreras y, como responde a una única visión de la realidad que se impone como ideal de calidad, no puede dar respuesta a demandas específicas. El proceso de desarrollo del conocimiento varía según las disciplinas. Por lo tanto, es necesario que existan formas de evaluación que consideren la valoración de la calidad en otras áreas del conocimiento. Sin embargo, esta es una discusión que aún no ha concluido.

REFERENCIAS BIBLIOGRÁFICAS

Abreu Hernández, L. F. (2009), "Criterios e Indicadores de Calidad de Programas de Posgrado y doctorado", Conferencia: III Seminario Internacional sobre el Posgrado en Iberoamérica, organizado por la Universidad Nacional de Mar del Plata y la Asociación Universitaria Iberoamericana de Posgrado, Mar del Plata, 19 y 20 de noviembre de 2009.

Albornoz, M. y Estebanez, M. E. (2002), "Hacer Ciencia en la Universidad", Revista Pensamiento Universitario, Año 10, N° 10, Buenos Aires, octubre de 2002.

Altbach, P. y Peterson, P. (2000), "Educación superior en el siglo XXI. Desafío global y respuesta nacional", Buenos Aires, Educación y Sociedad, Biblos.

Arocena, R. y Sutz, J. (2000), "La universidad latinoamericana del futuro. Tendencias, escenarios, alternativas", México, UDUAL.

Barsky, O. (1997), "Los posgrados universitarios en la República Argentina", Buenos Aires, Troquel.

Barsky, O. y Dávila, M. (2004), "Las transformaciones del sistema internacional de Educación Superior", en Barsky, Sigal y Dávila (coords.), *Los desafíos de la Universidad Argentina*, Buenos Aires, Universidad de Belgrano, Siglo XXI editores Argentina.

Barsky, O. y Dávila, M. (2004), "Las carreras de posgrado en la Argentina", en Barsky, Sigal y Dávila (coords.), *Los desafíos de la Universidad Argentina*, Buenos Aires, Universidad de Belgrano, Siglo XXI editores Argentina.

Barsky, O., Domínguez, R., Pousadela, I. (2004), "La Educación Superior en América Latina: entre el aislamiento insostenible y la apertura obligada", en Barsky,

Sigal y Dávila (coords), *Los desafíos de la Universidad Argentina*. Buenos Aires, Universidad de Belgrano, Siglo XXI editores Argentina.

Barsky, O. y Dávila, M. (2010), "La evaluación de posgrados en la Argentina", en Barsky y Dávila: *Las carreras de posgrado en la Argentina y su evaluación*, Teseo, Universidad de Belgrano, Buenos Aires.

Barsky, O. y otros (2010), "Vinculación entre posgrados y sector productivo", en Barsky y Dávila: *Las carreras de posgrado en la Argentina y su evaluación*, Teseo, Universidad de Belgrano, Buenos Aires.

Becher, T. (1989), "Tribus y territorios académicos. La indagación intelectual y las culturas de las disciplinas", Ed. Gedisa, Madrid.

Bowen, J (1992), "Historia de la educación occidental. Tomo III: El occidente moderno, Europa y el nuevo mundo. Siglos XVII-XX", Barcelona, Ed. Herder.

Brunner, J. J. (1990): "Educación superior, investigación científica y transformaciones culturales en América Latina", en BID-SECAB-CINDA, *Vinculación universidad sector productivo*, Santiago de Chile.

Brunner, J. J. (2005): "Tendencias recientes de la Educación Superior a nivel internacional: marco para la discusión sobre procesos de aseguramiento de la calidad", IESALC/UNESCO.

Brunner, J. J. (2005), "Internacionalización transnacional de la Educación Superior", Presentación en la mesa redonda: "Internacionalización de la Educación Superior", Universidad Adolfo Ibáñez, 18 de octubre de 2005.

Brunner, J. J. (2007), "La Educación Superior en Iberoamérica 2007", Santiago de Chile, CINDA/UNIVERSIA

Brunner, J. J. (2008), "El proceso de Bolonia en el horizonte latinoamericano: límites y posibilidades", Revista de Educación, Extraordinario 2008: Tiempos de cambio universitario en Europa, Madrid, Ministerio de Educación, Políticas Sociales y Deportes.

Busto Tarelli, T. (2007), "Formación de Recursos Humanos en Argentina: Análisis de la política de becas de posgrado", Documento de Trabajo N° 182, Universidad de Belgrano.

Busto Tarelli, T. (2010), "Formación de Recursos Humanos en Argentina: Análisis de la política de becas de posgrado", en Barsky y Dávila: *Las carreras de posgrado en la Argentina y su evaluación*, Teseo, Universidad de Belgrano, Buenos Aires.

Campo, A., Bernal, H. (comp.) (1999), "Educación Superior y Acreditación en los países miembros del Convenio Andrés Bello", Colombia, Convenio Andrés Bello.

Cardona, V. C. (2009), "Nuevos paradigmas de formación de doctores e investigadores", Conferencia: III Seminario Internacional sobre el Posgrado en Iberoamérica, organizado por la Universidad Nacional de Mar del Plata y la Asociación Universitaria Iberoamericana de Posgrado, Mar del Plata, 19 y 20 de noviembre de 2009.

Castells, M. (1999), "La Era de la Información", México, Ed. Siglo XXI.

Castells, M. (1999), "Globalización, Identidad y Estado en América Latina", Santiago de Chile, PNUD.

Cavarozzi, M. (1996), "La política: clave del largo plazo latinoamericano", en Cavarozzi, *El capitalismo político tardío y su crisis en América Latina*, Homo Sapiens, Rosario.

Cavarozzi, M. (2000), "Modelos de desarrollo y participación política en América Latina: legados y paradojas", en Kliksberg y Tomassini (comp.): *Capital social y cultura: claves estratégicas para el desarrollo*, Fondo De Cultura Económica, Buenos Aires.

Clark, B. (1984): "The Organizational Conception", en Clark, Burton (ed.) *Perspectives on Higher education. Eight*

Disciplinary and Comparative Views, University of California Press.

CEPAL (2002), "Globalización y Desarrollo", CEPAL, Secretaría Ejecutiva.

CONEAU (2002), "Contribuciones para un análisis del impacto del sistema de evaluación y acreditación", Buenos Aires.

CONEAU (2007), "Taller de Acreditación de Posgrado", Buenos Aires, 6 de diciembre de 2007.

Comunicado de Praga. 19 de Mayo de 2001. Comunicado de la Conferencia de Ministros Europeos responsables de la Educación Superior. http://www.eees.es/es/documentacion

Dávila, M. (2002), "La construcción de la vinculación Universidad-Sector Productivo-Estado en la Facultad de Agronomía de la UBA". Tesis de maestría – Facultad Latinoamericana de Ciencias Sociales, Buenos Aires.

Dávila, M. (2009), "Tendencias internacionales de la Educación Superior", Revista Sudamericana de Educación, Universidad y Sociedad, Volumen 1, N° 1-2, Montevideo, Universidad de la Empresa, 2009, ISSN 1688-6194, pp. 84 a 99.

Dávila, M. (2009), "Políticas públicas para el desarrollo del Posgrado", Conferencia: III Seminario Internacional sobre el Posgrado en Iberoamérica, organizado por la Universidad Nacional de Mar del Plata y la Asociación Universitaria Iberoamericana de Posgrado, Mar del Plata, 19 y 20 de noviembre de 2009.

Dávila, M. (2010), "Tendencias internacionales en Posgrados", Consultoría para FLACSO – Argentina, Buenos Aires.

Declaración de La Sorbona. 25 de Mayo de 1998. Declaración conjunta para la armonización del diseño del Sistema de Educación Superior. http://www.eees.es/es/documentacion

Declaración de Bolonia. 19 de Junio de 1999. Comunicado de la Conferencia de Ministros Europeos responsables de la Educación Superior. http://www.eees.es/es/documentacion

Declaración de Berlín. 19 de Septiembre de 2003. Comunicado de la Conferencia de Ministros Europeos responsables de la Educación Superior. http://www.eees.es/es/documentacion

Declaración de Bergen. 19-20 de Mayo de 2005. Comunicado de la Conferencia de Ministros Europeos responsables de la Educación Superior. http://www.eees.es/es/documentacion

Declaración de Londres, 17-18 May 2007. Comunicado de la Conferencia de Ministros Europeos responsables de la Educación Superior. http://www.eees.es/es/documentacion

Declaración de Leuven/Louvain-la-Neuve, 28-29 April 2009. Comunicado de la Conferencia de Ministros Europeos responsables de la Educación Superior. http://www.eees.es/es/documentacion

De la Cruz Flores, G. y Abreu Hernández, L. F. (2008), "Tutoría en la Educación Superior: transitando desde las aulas hacia la sociedad del conocimiento" Revista de la Educación Superior Vol. XXXVII (3), N. 17, Julio-Septiembre de 2008, pp. 107-124.

Del Bello, J. C. y Mundet, E. (2004), "Alternativas para facilitar la movilidad de estudiantes, egresados y docentes en el sistema universitario de América Latina", en Barsky, Sigal y Dávila (coords.), *Los desafíos de la Universidad Argentina*, Buenos Aires, Universidad de Belgrano, Siglo XXI, Argentina.

Didou Aupetit, S. (2006), "Internacionalización de la Educación Superior y provisión transnacional de servicios educativos en América Latina: del voluntarismo a las elecciones estratégicas", en: INFORME SOBRE LA

EDUCACIÓN SUPERIOR EN AMÉRICA LATINA Y EL CARIBE. 2000-2005. La metamorfosis de la Educación Superior. IESALC-UNESCO, Caracas.

Durkheim, E. (1992), "Historia de la Educación y de las doctrinas pedagógicas. La evolución pedagógica en Francia", Traducción: Delgado, M y Ortega, F, Madrid, Ed Endymión.

Enders, J. (2004), "Research training and careers in transition: a European perspective on the many faces of the Ph.D.", *Studies in Continuing Education,* 26 (3), 419-429.

Fernández, L. (2008), "Evolución de los posgrados universitarios en Argentina entre 2002 y 2007", Documento de Trabajo 223, Departamento de Investigaciones, Universidad de Belgrano, Buenos Aires.

Fliguer, J. L. (2010), "Perspectivas en el proceso de integración de los sistemas de posgrados de Argentina y Brasil en el marco del Mercosur educativo", Buenos Aires, Fundación de Ciencias Empresariales y Sociales — FUCES.

García de Fanelli, A. (1998), "Gestión de las universidades públicas: la experiencia internacional". Buenos Aires, Ministerio de Cultura y Educación, Secretaría de Políticas Universitarias.

García-Guadilla, C., Didou Aupetit, S., Marquis, C. (2002): "Nuevos proveedores, educación transnacional y acreditación de la Educación Superior en América Latina", UNESCO/IESALC.

Garretón, M. A. (coord.) (1999), "América Latina: Un Espacio Cultural en el Mundo Globalizado. Debates y Perspectivas", Santa Fe de Bogotá, Convenio Andrés Bello.

Garretón, M. A. (2000), "Política y sociedad entre dos épocas", Rosario, Ed. Homo Sapiens.

Gibbons, M. et al. (1997), "La nueva producción del conocimiento. La dinámica de la ciencia y la investigación en las sociedades contemporáneas", Pomares, Corredor, Barcelona.

Golde, C. y G. Walker, Editores (2006), "Envisioning the Future of Doctoral Education-Carnegie Essays on the Doctorate", San Francisco, Jossey-Bass.

Haug, G. (2008), "La legislación europea y las legislaciones nacionales", Revista de Educación, Extraordinario 2008: Tiempos de cambio universitario en Europa, Madrid, Ministerio de Educación, Políticas Sociales y Deportes.

Hermo, J. y Pittelli, C. (2008), "Globalización e internacionalización de la Educación Superior. Apuntes para el estudio de la situación en Argentina y el MERCOSUR", Revista Española de Educación Comparada, 14 (2008), pp. 243-268.

IESALC (2007), "Informe de evaluación externa de la Comisión Nacional de Evaluación y Acreditación Universitaria (CONEAU) de Argentina", Buenos Aires, 10 al 13 de julio de 2007.

Krotsch, P. (2009), "Educación superior y reformas comparadas", Bernal, Universidad Nacional de Quilmes.

Le Goff, J. (1996), "Los intelectuales en la edad media", Barcelona, Gedisa.

Lemaitre, M. J. y Atria, J. (2005), "Antecedentes para la legibilidad de títulos en países latinoamericanos", en Lavados (ed.), *Los procesos de acreditación en el desarrollo de las universidades*, CINDA, Santiago de Chile.

Luzuriaga, L. (1980), "Historia de la Educación y la Pedagogía", Buenos Aires, Ed. Losada.

Malo (2005), "El Proceso Bolonia y la Educación Superior en América Latina", Foreign Affairs, abril-junio 2005.

Marquis, C., Spagnolo, F., Valenti, G. (1998), "Desarrollo y Acreditación de los Posgrados en Argentina, Brasil y México. Textos para una mirada comparativa", Buenos Aires, Serie Nuevas Tendencias. Secretaría de Políticas Universitarias, Ministerio de Cultura y Educación.

Mignone, E. (1993), "Evaluación y Acreditación. Modelos", Buenos Aires, Secretaría de Políticas Universitarias, Mimeo.

Nebot Gil, I. (2009), "El desafío de los programas de doctorado, XI Foro ANECA. El doctorado y sus logros", Madrid, Agencia Nacional de Evaluación de la Calidad y Acreditación.

Nyquist, J. y Woodford B. (2000), "Re-envisioning the Ph.D.: What concerns do we have?", The Pew Charitable Trust.

OMC (1998), Servicios de enseñanza, S/C/W/49 (RESTRICTED), OMC, 23 de septiembre de 1998.

Rama Vitale, C. (2006), "La Tercera Reforma de la Educación Superior en América Latina", Fondo de la Cultura Económica, Buenos Aires.

Rama Vitale, C. (2007), "Los Posgrados en América Latina y el Caribe en la sociedad del conocimiento", México D.F., UDUAL.

Rama Vitale, C. (2009), "La universidad latinoamericana en la encrucijada de sus tendencias", Montevideo, UDE.

Real Decreto 1044/2003, Ministerio de Educación, Cultura y Deporte, Madrid, 1 de agosto de 2003.

Real Decreto 1393/2007, Ministerio de Educación, Cultura y Deporte, Madrid, 29 de octubre de 2007.

Rojas Marín, A. (2005), "Internacionalización de la Educación Superior", Presentación en la mesa redonda: "Internacionalización de la Educación Superior", Universidad Adolfo Ibáñez, 18 de octubre de 2005.

Sassen, S. (2007), "Una sociología de la globalización". Buenos Aires, Ed. Katz.

Sánchez Martínez, E. (2004), "El financiamiento: asunto clave de todas las agendas", en Marquis, C. (comp.) *La Agenda Universitaria. Propuestas de políticas públicas para la Argentina*, Buenos Aires, Universidad de Palermo.

Schwartzman, S. (1996), "América Latina: universidades en transición", OEA-INTERAMER, Washington.

Schwartzman, S. (1999), "Higher Education in Latin America. Prospects for the Future". En International Higher Education Nº 17, Boston, Boston College Center for International Higher Education.

Schwartzman, S. (2008), "Universidad y desarrollo en Latinoamérica. Experiencias exitosas de Centros de Investigación". Caracas, IESALC/ UNESCO.

Schwartzman, S. (2010), "Nota sobre a transição necessária da pós-graduação brasileira", Texto preparado como subsídio à comissão responsável pela elaboração do Plano Nacional de Pós--Graduação (PNPG) relativo ao período 2011-2020. www.schwartzman.org.br

UNESCO (1998), Declaración Mundial sobre la Educación Superior en el siglo XXI. Visión y acción, París, UNESCO, 9 de octubre de 1998.

UNESCO (2009), Conferencia Mundial sobre la Educación Superior: La nueva dinámica de la Educación Superior y la investigación para el cambio social y el desarrollo. Sede de la UNESCO, París, 5-8 de julio de 2009.

Weber, M. (1980), "El político y el científico", Madrid, Alianza.

Zarur Miranda, X. (2008), "Integración regional e internacionalización de la Educación Superior en América Latina y el Caribe", en Gazzola, A. y Didriksson, A. (ed.) (2008), *Tendencias de la Educación Superior en América Latina y el Caribe*, IESALC-UNESCO, Caracas.

www.ingramcontent.com/pod-product-compliance
Lightning Source LLC
Chambersburg PA
CBHW031445280326
41927CB00037B/364